Pieria Books

八木久美子
Yagi Kumiko

神の嘉する結婚

イスラムの規範と現代社会

東京外国語大学出版会

神の嘉する結婚

イスラムの規範と現代社会

目次

神の嘉する結婚

イスラムの規範と現代社会

はじめに

エジプトで「結婚したい」という連続テレビドラマが大ヒットしたのは、二〇一〇年夏のことである。エジプトの国教であるイスラム固有の暦で言い換えると、イスラム暦（ヒジュラ暦）一四三一年のラマダーン月であった。

ラマダーンとは、イスラム教徒が一カ月間、日中は飲食を絶つ月の名であることはすでにかなり知られているようだ。しかしながら、断食の月というと苦行しか連想されず、ラマダーン月の日没後は毎日、家族や友人とともに御馳走の並ぶ食卓を囲み、夜遅くまでおしゃべりを楽しみながら過ごす華やいだ時間であることはあまり知られていないのではないだろうか(1)。

ちょうど日本の正月と同じように、ラマダーン月にはテレビでは特別な番組が用意され、とくに連続ドラマは毎年、注目の的になる。この年のラマダーン月、話題になったのが「結婚したい」であった。九つの衛星放送チャンネルで放映され、エジプトだけでなく他のアラブ諸国でも評判だったという。

このドラマ誕生の発端となったのは、ガーダ・アブドゥルアール（一九七八〜）という若い薬剤師の女性のブログである。結婚相手がみつからず、「行き遅れ」になりつつある自らの状況について、おもしろおかしく、しかし鋭い批判精神とともにエジプト方言のアラビア語で書いたブログが人気を呼び、二〜三カ月でフォロワー数が七〇万人にもなった。二〇〇六年のことである。

このブログに寄せられた幅広い共感は、ガーダの状況が決して例外ではないこと、彼女と同じように高学歴でしかるべき職に就きながら、伴侶をみつけることができない女性が数多くいることを物語る。ガーダは自分のことを、「夫をみつけられずにいるのは自分の落ち度ではないにもかかわらず、社会から結婚するようプレッシャーを受ける一五〇〇万人の二五〜三五歳の女性の代表」と書いている。

ガーダのブログは二〇〇八年には書籍として出版され(2)、その二年後、ついにテレビドラマになった。このドラマの大成功によって、ガーダはアラブ・メディアフェスティバルで最優秀脚本賞を受賞した。数多くの女性の内心をことばにすることで、ガーダは名声を手に入れたのである。

辛辣な口調とユーモアのセンスがみごとに調和し、ガーダの文章は読んでいて心地よい。ガーダは冒頭で、そもそもなぜ夫が必要なのかを次のように説明する。

一、空になったガスの（重い）ボンベを交換しなければならないとき。もちろん、これが家の中での夫の仕事の中心。二、家の中にゴキブリがいたとき。こわいし、どうやって殺せばいいかわからないから。ただ、結婚した相手もゴキブリがこわかったらおしまいだけど。(3)

こうした調子で一五まで挙げ連ね、夫というものが実はいかに無用な存在であるかをコミカルに語る。日本の若い女性も、まだ結婚しないのかという周囲からの視線に辟易している人であれば、よくぞ言ってくれたと拍手喝采したくなるのではないか。エジプト人はアラブ人のあいだでもジョークのうまさで有名だが、まさにその真骨頂といったところである。

ただそれと同時に、ガーダの話を聞いていると、いろいろな疑問がわいてくるのではないかと思う。イスラム教徒の社会では、女性は自分の意志とは関係なく、親の選んだ相手と結婚するのではないのか。イスラムでは男性は複数の妻を持つことが許されているのだから、単純に計算して「あぶれる」のは男のほうではないか。イスラム教徒の結婚の周辺には、謎解きのおもしろさが広がっているようだ。

二〇〇七年に、著名な歴史人口学者であるエマニュエル・トッドがシリア出身の研究者であるユセフ・クルバージュとともに著した『文明の接近――「イスラームVS西洋」の虚構』によると、(4) イスラム教徒に固有の結婚というものは存在しない。トッドとクルバージュは、女性の識字率の向上が出生率を低下させ、人口革命につながる点においては、イスラムが支配的な地域もその他の地域も変わりがないという。歴史的に見て、イスラムは人口動態に影響しないというのが二人の結論である。

トッドとクルバージュは、イスラム圏についても世界の多様な地域を取り上げており、エジプトをはじめとするアラブ諸国はその一部でしかない。支配的な宗教がイスラムという点では同じでも、地域によって婚姻関係のあり方も家族の形態も驚くほどに異なるという。イスラムと結びつけられることの多い、並行いとことの結婚、つまり男性の立場から言えば父方のおじの娘と結婚する内婚制と夫方居住というのは、アラブ人の伝統的な結婚の形態ではあっても、実はイスラム圏全体に見られるわけではない。さらには、アラブ人のあいだでもこのような結婚は女性の識字率の向上により減少しているというのである。

本書はエジプトのイスラム教徒に焦点を当てるが、結婚をめぐる彼らの言説や実践を分析するうえで重要なのは、それらがいかなる状況の下にあり、何を前提としているのかを丁寧に見ていくことである。それはつまり、イスラムの教義や規範にすべてを還元するのではなく、経済的、社会的、政治的な要因とイスラムの教えとの弁証法の産物と捉えるということである。まさに、中東をフィールドとする文化人類学者、デイル・F・アイケルマンの言う「意味の政治経済学」にほかならない[5]。

同様に注目したいのは、イスラム研究の視点から宗教の捉え方について鋭い批判を行なっている文化人類学者、タラル・アサドの指摘である。アサドは、イスラムを「言説的伝統（discursive tradition）」と捉えるべきだと主張している[6]。つまり、イスラムを特定の教義や規範のセットと見るのではなく、コーラン、そして預言者ムハンマドの伝承であるハディースという聖なるテキストをもとに、学問的な蓄積の上に立ち、一定のルールに従って正しい教え、そして正しい実践とは何かを議論する伝統こそがイスラムだと見なければならないということである。

コーランとハディースというテキストに、圧倒的な権威があることは言うまでもない。法学を中心としたイスラム諸学の専門家であるウラマーの発言が大きな影響力を持つことも確かである。しかしその一方で、現実社会で見られるイスラム教徒の日常的な語りや振る舞いは、あまりにも多様で見る者を戸惑わせる。変幻自在とすら言いたくなるが、そうした語りや振る舞いも、故郷の村を出たことのない農民から、世界を飛びまわるビジネスマンまで、多種多様な人間の日々の生活のなかから生まれるものだと考えれば納得がいく。

だからこそ、イスラムを一括りに議論するのではなく、一つの場所、特定の時代に焦点を絞り、具体的なコンテクストのなかで捉えることが重要になってくるのである。本書が取り上げるのは、ガーダの暮らす現代のエジプトである。エジプトはアラブ世界でもっとも早く近代化／西洋化に着手した国で、今もアラブ世界の文化的な中心の一つである。エジプトから発信されるメッセージは、二〇を超えるアラブの国々に大きな影響を与える。さらに首都カイロには、スンナ派イスラム世界でもっとも権威のある教育研究機関であるアズハル機構／大学があり[7]、エジプトの動向は世界のイスラム教徒からも注目される。

エジプトという国に生きるイスラム教徒が、結婚をめぐってどのように議論し、何を模索し続けてきたのかを追う作業は簡単ではない。しかし、この作業から得られるものは多い。男性優位の体制に固執しているとしか見えない発言が、変遷を経つつ、今なお力を持ち続けるのはなぜなのか。若い世代があたかも先祖返りをするかのように、宗教を持ち出す理由は何か。イスラムの教えの外に生きている者からすると、首をかしげたくなることの連続かもしれない。しかし先入見を捨て、彼らの置かれた状況、積み重ねられた経験に思いをやると、つまらないことに拘泥しているとしか思われなかったものが、彼らにとって生きる意味に関わるような大問題なのだとわかることがある。その一方で、彼らの考え方があまりにも日本の伝統的な考え方と似ていることに驚かされることも少なくない。

西洋との付き合いが日本よりもはるかに長いエジプト、東洋でもなく西洋でもないエジプトを追いかける作業のなかで経験するのは、自分の常識が小気味よく覆されることの連続である。「宗教に縛られ身動きができなくなっている彼らと、自らの意志で自由に選択していく私たち」という二項対立の図式が、実は思い込みに過ぎないことが見えてくるだろう。他者に出会うと同時に、これまで気づかずにいた自己の素顔に気づかされることになるかもしれない。そうした期待を込めて、結婚という一面では通文化的な現象を切り口に、イスラムの教えに支えられて生きる人々の声に耳を澄ませてみたいと思う。

第一章　結婚できない若者たち

現実としての結婚難

現代のエジプトで、ガーダのような女性たちが増えているのはなぜなのか。いや、結婚できない女性と同じだけ結婚できない男性がいるとすれば、より正しくはこう尋ねるべきだろう。昨今、結婚できない若者たちが多くなっているのはなぜなのだろうか。[1]

いつも最初に挙げられるのは、若者たちの経済的な窮状が結婚を難しくしているという説明である。物価の高騰に賃金の上昇が追いつかない、高い失業率が若年層を直撃している、その一方で派手な結婚式に代表される消費文化が拡大している、といった言い方をよく耳にする。それがもっとも大きな理由であるか否かはさておき、かなりの説得力があるのは確かである。なぜなら、これから順を追って説明していくが、入籍だけで済ます、といった考え方がエジプトではまず通用しないからである。結婚にはかなりの費用が必要になる。

結婚にあたっての経済的な負担については男性に関心が向けられがちだが、女性の側にも負担がまったくないわけではない。エジプト方言のアラビア語で「ギハーズ（gihāz）」と呼ばれる生活用品一式、食器、調理器具、リネン類などを買い揃えるのは女性の役割である。まさに嫁入り道具であり、新居で周囲の人々に披露され、家族の体面を左右するという意味で社会的に重要な意味を持つ。花婿候補が決まる前から何年もかけて、少しずつ支度をするのが一般的である。

とはいえ、男性の負担の大きさは女性の比ではない。花婿は花嫁に「マハル（mahr）」と呼ばれる婚資を贈らなければならない。これはイスラム法の定めるところであり、これ抜きに結婚することはできない。一九八〇年代までは貧しい階層であれば現実的な選択がなされ、婚資は形式だけであるか、実際に渡されるにしてもごく少額であったが、こうした階層でも二〇年後、世紀が変わる頃には額が高騰したという(2)。ちなみに、この二〇年間とはまさにエジプトがグローバル経済に飲み込まれていく時代であった。

イスラム法の定めるものではないが、エジプトでは婚資のほかに、男性は未来の花嫁に

建物が密集するカイロ市内

「シャブカ（shabkah）」と呼ばれる贈り物もしなければならない。通常は金のアクセサリーであり、ともかく財産として価値のあることが求められる。

それだけではない。男性にとって最大の難関は新居を用意することだ。とくにカイロのような人口密度の高い大都市ではアパートの価格は高騰しており、二〇〇六年および二〇一二年の調査に基づくある研究によると、エジプトの花婿は新居を用意するために年収の二倍に相当する額を用意しなければならないという(3)。若い人々にとって住居の確保は大問題なのである。

二〇一八年五月にエジプトの英字新聞、デイリーニュース・エジプトに掲載された記事を見てみよう。「アパートの購入はもはや多くの若いエジプト人にとって結婚への障害ではない」という、若者たちに希望を抱かせるようなタイトルがついており、妻と夫がいっしょにローンを支払う事例など、新居の問題を解決するための新しい試みが紹介されている。しかしそれと同時にこの記事の冒頭から読みとれるのは、夫の側がアパートを購入することが依然として常識だという現実である。

自分の選んだ花嫁と結婚しようとするエジプト人の男性が花嫁の両親に言われる決まり文句がある。だいたい、最初にこう言われるのだ。「まずアパートを手に入れなさい。ほかのことは心配しなくてよいから」と。(4)

現代のエジプト、とくに都市部では、結婚した子が親と同居すること、三世代が同じ家に暮らすことは一般的ではない。それだけに、それ相当の住居を所有することは、花婿として認められるための決定的な要素となるのである。経済的に余裕のある親の場合、将来の結婚に備えて早くから息子にアパートを買ってやるという話をしばしば耳にする。子を甘やかす親の愚かな真似と聞こえるかもしれないが、新居の問題は若者たちが自分では解決できないほど厳しいものになっているのである。

こうした問題をガーダとは逆の視点から、つまり男性の視点から見てみよう。充分な経済力がなく、結婚資金を準備できず、そのために結婚できないという現実は、男性の目にはどのように映るのか。

二〇〇八年に公開されて話題を集めたエジプトの映画に「盗まれた口づけ（qublāt masrūqah）」という作品がある。三人の若者を主人公とし、現代の若者たちが置かれた困難な状況を描いたものだ。三人のうちの一人、イハーブを例にとろう。

彼は大学を卒業してもしかるべき職に就くことができず、わずかな賃金を得るべくガソリンスタンドで働くしかない。彼には大学で知り合った、裕福な家の娘である恋人がいる。彼女に促され、結婚の許しを得ようとその父親のもとへ行くが、職業と収入について訊かれ、正直に答えると一蹴される。彼が一カ月に得る収入は、娘の小遣いの額にも満たないと言われるのである。彼にはなす術がない。大学卒の学歴にふさわしい職に就き、自分の家庭を持つというささやかな夢をかなえることも、周囲からの期待に応えることもできないイハーブの置かれた状況は、「ジャスミン革命」の引き金となったチュニジアの若者を思わせる。大学を卒業しても屋台で野菜を売るしか収入を得る術がなく、二〇一〇年、絶望と怒りのなかで焼身自殺したこの若者の姿に我が身を重ねた人々は少なくなかった。

エジプトの中央動員統計局の数字に基づいた報道によると(5)、二〇一九年一一月の時点で、エジプトの失業率は七・八%である。これ自体、同時期の日本の失業率二・四%と比べるとかなり高いことは言うまでもない。しかしながら、二〇歳から二四歳ではなんと三九・八%という驚くべき数字になる。一五歳から一九歳は一二・一%であることを考えると、大学を卒業した若者たちがしかるべき職に就くことができないということであろう。強力な人脈でもない限り良い職など得られるはずがない、という諦念が広がっているとしても不思議ではないのである。

エジプト社会では、男女を問わず、基本的に子は結婚を機に親の家を出るものであり、それ以外に独立した生活を始める道筋はほとんど想定されていない(6)。結婚し、さらには子を持つことでようやく一人前とみなされる傾向は、敬意を込めて人を呼ぶ際、子の名前を使って「~のお父さん」、「~のお母さん」と呼ぶ慣習があることからもわかる。言い換えれば、いかなる理由であれ結婚できない者は何歳になっても誰かの「子」であり、一人前の社会の成員とはみなされないのである。ある程度の年齢になっても結婚できないという状況は、一人の人間を子供でも大人でもないマージナルな地位に追いやる。

一つ付け加えておくと、エジプトは超高齢化の道を進む日本とは正反対で、若い世代の占める割合が高い。アメリカの中央情報局が出している統計によると、二〇二〇年七月時点での推定で、人口約一億四〇〇〇万人のうち三三・六二%が一四歳以下であり、それに一五歳以上二四歳以下の一八・〇一％を足すと、二四歳以下という若い層が五一・六三％を占める。(7) ちなみに日本は、それぞれ一二・四九％、九・四七％で、二四歳以下は二一・九六％にしかならない。少し乱暴な言い方になるが、これから結婚しようとする世代、これから社会の担い手となろうとしている世代の占める割合が、エジプトは日本の倍以上なのである。若者たちの将来像が見えないことは、エジプト社会の未来が見えないことと同じだという感覚が広がっていても不思議ではない。

社会危機と結婚危機

エジプトで結婚についての関心が高まっていることを筆者が実感したのは、二〇一七年にカイロのブックフェアに行ったときのことであった。エジプトの首都カイロでは、毎年一月末から二月の初めに大規模なブックフェアが開催される。カイロ空港と街の中心の中間地点にある巨大な展示場には数多くのブースが並び、すべてを見るには少なくとも数日はかかる。開催期間中には著名人による講演も行なわれ、出品された本には値引きされているものも多いので、多くの人々がやってきて華やいだ雰囲気になる。

重要なのは、毎年開催されるこのアラブ世界最大のブックフェアを訪れることで、そのときの人々の関心事がわかるという点である。宗教に関する本、思想、文学関連の本が示す存在感は揺るがないにしても、そのときの売れ筋というものがある。書籍に混じって、英語を学ぶためのCDやDVDが目につくようになったのは、この一〇年くらいであろうか。外国とつながる職場で働くことが高収入につながること、英語の力が就職に決定的な意味を持つようになったことが背景にあるのだろう。

二〇一七年に会場を見て驚いたのは、結婚に関する本の多さだった。イスラム教徒の結婚について何か資料が手に入ればありがたいという程度の期待で出向いたのだが、そこで筆者を待っていたのは、すべて買いつくすことなど到底できないほど多くの結婚に関する本だった。なかには社会学的な見地から論じた研究書と呼べるものもあったが、圧倒的多数はいわゆるマニュアル本である。

手元にあるものからいくつか、タイトルを日本語に訳してみよう。『結婚への入り口』『花嫁の宝物――イスラムにおける幸せな結婚、コーランと預言者の慣行から』『新郎新婦への贈り物』『結婚生活の幸せの秘訣』といったものから、『婚宴の夜――新しい生活の始まり』『夫婦のベッドでの秘策』のように初夜の過ごし方を婉曲に手ほどきするもの、さらには『夫を成功へとあと押ししなさい[8]』といった良妻になるための秘訣を伝授するものまである。

『結婚への入り口』を開いてみると、結婚生活の成功のための鍵として「宗教（dīn）」「宗教的厳格さ（tadaiyun）」「道徳（khulq）」といった語が散りばめられており、イスラム教徒として良く生きることと、幸せな結婚生活を手に入れることが切り離しがたいものとされていることがわかる。ただそれと同時に、自分の宗教心の度合いを測るチェックリスト、配偶者選びの手順をわかりやすく示すフローチャートなどが挿し込まれ、まさにマニュアルという体裁であることも付け加えておきたい。

これだけ多くのマニュアル本が出されている理由はいったい何だろうか。結婚難が話題となるなかで、絶対に失敗は許されないという緊張感があるのかもしれない。しかしそれ以上に注意しなければならないのは、伴侶のみつけ方がわからない、正しい手順や手続きがわからない、そもそも結婚生活とはどんなものかがわからない、という迷路の中にいるような感覚が広がっている可能性である。親の言うとおりにしていれば問題はない、前の世代と同じようにすればよいのだという暗黙の了解は消えてしまったように見える。社会の急激な変化が生んだ現象であろうか。

実は、エジプトでは二〇世紀の初頭にも、今と同じように結婚しない若者の増加が関心を集め、「結婚危機（azmat al-zawāj）」という語がエジプト社会を席巻したことがあるという(9)。それは厳密に言うと、イギリスからの独立を勝ちとった一九一九年革命のあと、イギリスと同盟条約が結ばれる一九三六年までの十数年であった。

　この十数年が持つ意味を理解するために、ここでエジプトの近代史について概観しておきたい。一六世紀の初めにオスマン帝国の版図となっていたエジプトは、フランス軍の侵略を受け、一七九八年から一八〇一年まで短期間ではあるがフランスの支配下に入る。エジプトのイスラム教徒にとって、かつて見下してきた西洋のキリスト教徒たちが、いつのまにか自分たちよりもはるかに上にいるという現実を突きつけられた衝撃的な出来事であった。

　フランス軍の撤退後、一八〇五年にエジプトに誕生した半独立王朝、ムハンマド・アリー王朝（一八〇五～一九五三）が上からの近代化／西洋化政策を進め、富国強兵を目指した背景にはこの経験がある。一八五五年、エジプトの首都カイロと地中海岸にあるエジプト第二の都市アレキサンドリアとのあいだに鉄道が開通した。新しい国造りの担い手を育てるべく、留学生団が送り出された。近代的な軍隊が創られ、教育制度も刷新されていく。一九世紀の段階では、日本とエジプトの目指す未来像にそれほどの違いはなかったのである。

　しかしながら、まもなく日本とエジプトの命運は分かれた。理由について議論する紙幅の余裕はないが、日本とは異なり、エジプトの近代化／西洋化政策は失敗に終わったというのが一般的な評価である。財政的にも破綻したエジプトは、一八八二年にイギリスの保護領となり、その後のエジプトの近代史を読み解くためのキーワードは「独立」となる。政治的に独立すること、そして経済的にも、文化的にも従属的な位置から脱することがエジプトの人々の悲願となったのである。

エジプト近代史の金字塔とされる一九一九年革命とは、イギリスからの独立を求め、宗教の違い、階層の差を超えてエジプト人が一丸となって立ち上がった闘いである。この革命によってエジプトは独立を勝ちとり、エジプト王国となった。しかし、この独立が実は形式的、名目的なものに過ぎないとされるのは、外交をはじめとする重要な領域でイギリスが影響力を保ち続けたからである。また国王に強大な権力が付与されたことで内政は混乱し、その混乱に追い打ちをかけるように世界大恐慌の波がエジプトを襲った。この混沌とした状況にいったん終止符を打ったのが、一九三六年にイギリスと結ばれた同盟条約なのである。スエズ地区に駐兵権を認めるという大きな譲歩を余儀なくされたとはいえ、これによって独立がある程度実質化したという安堵がエジプト社会に広がった。

「結婚危機」が取りざたされた一九一九年革命から一九三六年までの十数年とは、一言で言えば、エジプト社会全体が危機的な状態にあった時代だったのである。エジプト社会が落ち込んだ闇の深さを、人々は若者たちが結婚をしなくなったという現象のなかに見た。

今日の状況を理解するためには、エジプトの歴史をさらにもう少し先まで追っておく必要がある。エジプトに現在の共和国の体制が成立したのは、イギリスとの同盟条約締結からさらに一六年後の一九五二年、「自由将校団」の革命によってである。真の独立が成し遂げられ、ついにエジプトがエジプト人の手に戻ったと喧伝された。実際、「アラブ社会主義」を掲げるカリスマ的な指導者、ナセルの登場は人々に大きな希望を抱かせた。しかし一九六七年の第三次中東戦争の惨敗により、エジプトの未来には再び暗雲が垂れ込める。

一九七〇年のナセルの死後、サダト大統領の下で大きく右に舵が切られ、いわゆるイスラム復興の時代がやってくる。経済政策においても大きな変化があった。一九七四年、エジプト経済の底上げを狙った「門戸開放（infitāḥ）」と呼ばれる経済開放政策が導入されたのである。サダトは青年たちのグループに、「門戸開放」政策について次のように説明したという。それは、「若者たち誰もが結婚でき、自分の家を所有し、車を運転し、テレビとガスレンジを持ち、一日に三度食事がとれる」ようにするためのものであると(10)。物質的な豊かさだけでなく、「誰もが結婚できる」ことが入っている点に注目してほしい。

しかし、この政策の恩恵に与れた者は限られ、「誰もが結婚できる」日はいつになっても来なかった。取り残された人々のあいだには苛立ちが募り、イスラムの名において正義の実現を求めるイスラム主義陣営が勢力を拡大する。そして一九八一年、急進的なイスラム主義のグループによってサダトが暗殺され、ムバーラクが大統領となる。

新しい体制になっても、原油価格の下落、湾岸危機による産油国への出稼ぎ労働の減少など、エジプト経済の再生を阻む要因はあふれていた。一九九一年の国際通貨基金の勧告に従って構造調整政策が実施され、エジプトが完全にグローバルな市場経済のメカニズムに組み込まれた結果、極端な貧富の差、機会の不平等など多くの矛盾が浮き彫りになった。人々の不満や怒りがいわゆる「アラブの春」につながり、二〇一一年の二月、ムバーラク大統領が退陣を余儀なくされたことは記憶に新しい。

結婚の主題化

こうした歴史を頭に入れたうえで、あらためて問い直そう。なぜ社会の危機が結婚というフィルターをとおして語られるのか。

一般論として、夫婦関係こそ、生物学的なものと社会的なものの橋渡しとなるというのは人類学者のエドマンド・リーチが指摘したとおりである[11]。次の世代を生み育てることでその社会の存続を可能にし、さらにはその社会の価値観、世界観、倫理観を伝える役割を夫婦は担う。人々が結婚しなくなったとき、その社会の消滅は時間の問題となる。文化の違いを超えて、人間社会において結婚が持つ意味の大きさは否定しようがないのである。

ただそれと同時に、エジプト固有の要素もある。あらためて確認しておくと、かつてのエジプトにとって近代化は西洋化を意味し、それは明治の日本と同じであった。なぜなら、「近代的」という語の意味をどのように解釈しようとも、そのように呼ばれうる国は当時、西洋にしか存在せず、モデルはそれ以外なかったからである。日本では鹿鳴館で舞踏会が開かれ、エジプトではオペラハウスでヴェルディの歌劇が上演された。

しかし、ここからが決定的に異なる。日本がまがりなりにも先進国の仲間入りをするのに対し、エジプトはイギリスの保護領となり、その支配下に置かれる。イスラムを遅れた野蛮な宗教と見る西洋の植民地支配をエジプトは経験した。手本である西洋とのこのねじれた関係を抜きにしては、現在のエジプトを語る出発点にすら立てない。

今日まで続くイスラム批判、イスラム攻撃にかならず登場するのは、イスラムは女性を抑圧する宗教だという言説である。幼児婚、多妻制、私的空間への女性の隔離こそがイスラムの教えであるかのように言われ続ける。かつてイギリスによるエジプト支配を正当化するために動員されたのは、隔離され、無知で教養のない女性が子を育てるがゆえに、エジプト人は劣っており、自治に必要な能力に欠けているという論理であった。[12] オリエンタリズムの創り出したイスラム像の中心に女性たちが置かれたのである。

イスラム教徒の女性は幼くして結婚させられ、他の妻たちと夫を共有し、自由に出かけることもできない、と言われてきた。イスラム教徒の結婚がこのように色付けされ、批判や嘲りの対象になるとすれば、それに応答することはイスラム教徒として避けて通ることのできない、重い作業になる。

女性をどう遇するべきか、結婚はどうあるべきかという議論が、エジプト社会はどちらに進むべきなのかという議論と交差する。だからこそ、結婚の向かうべき姿について、そしてこれからの家族のあり方について、人々は問い続けるのである。

第二章　結婚、イスラムの捉え方

結婚の捉え方

宗教によっては、性行為を卑しいものと捉え、結婚を必要悪と見るものもある。しかしイスラムでは、結婚についてそのような見方は基本的にしない。それどころか、イスラム教徒のあいだでよく知られた言い回しによれば、「結婚は宗教の半分（al-zawāj niṣf al-dīn）」あるいは「信仰の半分（niṣf al-īmān）」である。[1] 結婚は絶対的な義務ではないにせよ、基本的には誰もがすべきものなのだ。コーランでは、妻と夫の関係について次のように語られる。[2]「かの女らはあなたがたの衣であり、あなたがたはまたかの女らの衣である。」（二：一八七）

イスラム思想の歴史に燦然と名を遺す神学者であり神秘家でもあるガザーリー（一〇五八～一一一一）は、その著書『宗教諸学の再興』の第二部を「婚姻作法」にあて、結婚はそれによって欲望を制御し、さらに子孫をもうけることで人類の存続を可能にし、預言者を賛美する者を増やすなど、多くの利点があると述べている(3)。イスラムが求めるのは、性行為の忌避ではなく、ルールに則った関係が男女のあいだに結ばれることである。

すでに説明したとおり、結婚の具体的なありよう、つまりどういう相手を選ぶべきか、どのくらいの年齢差をよしとするか、結婚後はどこに誰と暮らし何人程度の子をもうけるかなどは、時代によって、そして地域によって異なる。その意味では、一律にイスラムの結婚と呼べるようなものは存在しない。しかしながら、結婚をどう意味づけるか、何をもって正しい結婚とみなすかといった、いわば哲学的、道徳的側面について言えば話は別である。

この点について論じるまえに、いったんイスラムを離れ、まず一般論として結婚がどのように議論されてきたかを整理しておきたい。そうすることで、結婚が持つ通文化的な側面を確認し、イスラム教徒に固有の部分とそうではない部分とをできるだけ区別したいと思う。

文化人類学者のW・N・スティーブンスによる『家族と結婚——その比較文化的解明』

では、結婚は次のように定義されている。

結婚は永続的であるという観念をもって企図され、公に披露されることをもって始まる、社会的に適法な性的結合である。結婚は多かれ少なかれ明示的な結婚契約に基づいており、その契約は配偶者どうしおよび配偶者と将来の子供との間の、交互の権利義務を明示するものである。(4)

また、比較家族史学会による事典『家族』では、「婚姻」の意義と成立について次のように説明されている。

婚姻とは、単に一時的な男女の性関係や私的な同棲と異なり、社会的に承認された持続的な男女間の結合であって、その当事者の間に一定の権利義務を発生させる制度をいう。いかなる社会も、婚姻の形態、配偶者の選択の範囲、配偶者を得る条件として何らかの対価の有無、婚舎の所在などに関して、一定の要件を定めており、当該の婚姻が社会的に承認されるためには、それがこの要件に適うものであらねばならない。婚姻の締結にあたって、当事者が何らかの儀礼や挙式を行い、また民事的手続きをと

るのも、社会的に有効な婚姻の成立を確認し公表するという意味を有している。(5)

結婚は人間関係を変える。一対の男女のあいだに妻と夫という関係を成立させ、家族にする。しかし、妻と夫は家族の起点にありながら、親子、兄弟姉妹とは異なり、両者の関係は当事者の選択、意思決定の産物である。言い換えれば解消することも可能な、その意味で危うい関係でもあるのだ。だからこそ、結婚にあたっては何らかの要件を満たすことが求められ、権利義務が定められることで、秩序と安定を担保しようということになるのだろう。結婚についてのこうした定義が万能であるかどうかはさておき、少なくとも現代の日本社会で一般的な結婚とされているものと矛盾せず、さらに本書で取り上げるエジプト社会での結婚にもあてはまることは確かである。

とはいえ、エジプトでイスラム教徒として生きている人が結婚について考えるとき、その人の脳裏に浮かぶものが平均的な日本人が思い浮かべるものと同じかと言えば、かならずしもそうではない。具体的な手続き、細かな作法に話が及んだ途端、驚くほどに異なる論理が働き始めるのである。何に照らして、どのような手順を経て両者の関係は「適法」あるいは「承認された」ものとなるのか。権利義務には当事者による選択の余地があるのか、それともあらかじめ決められているのか。そのあたりの違いはかなり大きい。

これからイスラム教徒の結婚について順を追って見ていくが、次の四つの点にとくに注目したい。それは、「適法」あるいは「合法」、「社会的承認」、「持続性」、そして「権利義務」である。この四つに注目するのには理由がある。これらは、今紹介した婚姻の定義と矛盾せず、他の地域、他の文化における結婚との比較の視座を与えてくれると同時に、この四つはエジプト社会での結婚について理解するための重要な鍵となるからである。

「適法」あるいは「合法」については、現代の日本の場合、法律に反していないことを意味すると考えてよいだろう。しかしエジプトの場合、判断の基準はイスラム法なのか、それとも国の定める世俗的な法なのか、そもそもイスラム法と法律の関係はどうなっているのか、という複雑な議論につながる。この問題は、イスラムを国教の位置に据えながらも、現実的には世俗主義的な傾向の強いエジプトのような国ではとりわけ重い意味を持つ(6)。

「社会的承認」については、次のような問いが浮かぶ。婚姻関係が結ばれたという事実を第三者に知らせ、その承認を得るだけでよいのか。それとも結婚式と呼びうるような、特定の儀式が不可欠なのか。

「持続性」という考え方は、エジプトで近年論議を呼んでいる変則的な結婚の投げかける問題の大きさを理解するためには避けて通ることができない。これについては第六章で詳しく議論するが、婚外の性交渉が厳しく禁じられているなかで、性交渉をイスラム法の文脈で「適法」あるいは「合法」にすることだけが目的の、登録をしない短期間の結婚が増えているという指摘がある。

そして「権利義務」は、もっとも重要な点である。これから説明するとおり、イスラム法では婚姻関係は文字どおり契約によって成立するものとされている。「イスラムでは結婚は契約である」というと、イスラムは結婚を商取引のように扱う特殊な宗教だと聞こえるかもしれないがそうではない。現代の日本においても、結婚とは一種の契約である。そうは呼ばれないにしても、結婚が社会的に一定の義務と権利を伴うことを否定する者はまずいないであろう。イスラム教徒が異なるのは、契約であることを誰もが明確に認識しており、まさに「契約」ということばを使うという点に過ぎない。ちなみにこの際の契約とは、かならずしも文書化されたものを意味しているわけではない。

これらの点を念頭において、まずはイスラム法が結婚についてどのような要件を定めているのかを確認していきたい。少し先回りして言っておくと、イスラム法はイスラムの信仰を持つ者が守るべき道徳的、宗教的規範であると同時に、現在のエジプトでは婚姻関係をはじめとする家族に関する法律の根拠ともなっており、二重の意味で結婚を支えている。

イスラム法、求められる実践の正しさ

イスラム法というと、「シャリーア（sharī'ah）」ということばが思い浮かぶかもしれない。この語は元来、「水源」あるいは「水場へ至る道」を意味する。イスラムの生まれたアラビア半島の自然を考えれば、「水源」あるいは「水場へ至る道」を知っていることが生きていくためにどれほど重要かは説明するまでもないだろう。イスラムの誕生によって、この語は預言者によってもたらされた神の教え、人間の歩むべき道を意味するようになった。そこには教義、儀礼に関するものだけでなく、道徳、行動規範も含まれる。神の定めたものだとすれば当然であろうが、シャリーアは時空を超えて永遠不変である。

ただし日本語にすると同じくイスラム法となるものに、「フィクフ（fiqh）」という別のことばがある。この語はアラビア語で一般的には「解釈」を意味するが、イスラムの用語としては、「イスラム法解釈」あるいは「イスラム法学」を指す。こちらは、こういう場合はこうしなければならない、そうすることは避けるべきであるといった個別具体的な形をとる。シャリーアを人々の生活という文脈に引き付けて捉え直したものという見方もできるだろう。

法解釈を行なうのは、イスラム法の専門家であれ、人間であり、その意味で誤りがある

可能性は否定できない。そもそも法解釈の方法自体が議論の果てに生み出されたものなのだ。だからこそ、状況の変化に応じて解釈が変わることも、それどころか異なる解釈が同時に存在することも当然とされる。加えて、イスラムにはすべての信徒を包摂する「教会」のような組織もなければ、「法王」のような権威も存在せず、一つの解釈だけを正しいものとしてそれ以外のすべてを排除するようなシステムが存在しない[7]。あとで紹介する法学者間の解釈の違いは、とくに異例というわけではない。結婚に関する法解釈もまた、常に議論の俎上にあり、その意味で変化していく可能性はある。

その意味でも、イスラム教徒はひたすら「与えられた」規範に従って生きる、と捉えるのは適切ではないのである。法学者の示す見解に耳を傾けつつ、どうすることが正しいのか、神は何を命じているのかを問い続けることがイスラム教徒の生き方だと言ったほうが正確であろう。この点は非常に重要なので覚えていてほしい。

さらに一点確認しておくと、イスラム法がイスラムのすべてというわけではない。たとえばイスラムには、聖典学、神学、霊学などさまざまな学問領域がある。ウラマーとは、本来はこうしたイスラム諸学の専門家、識者を意味するが、ウラマーがイスラム法の専門家と捉えられることが多いのは、イスラムが実践を重視する宗教だからである。

これに関連して、イスラムという宗教の特徴について理解するために、他の宗教との違いを簡単に見ておきたい。宗教の分類法として、一神教と多神教、民族宗教と普遍宗教という分け方があることはよく知られているだろう。神の数のほか、特定の集団に向けられたものか、それとも全人類に開かれたものかによっても分類されるのである。神道が多神教であり民族宗教であるのに対して、イスラムは一神教であり普遍宗教である。

さらにもう一つ、見ておきたい分類方法がある。それはオーソプラクシーの宗教とオーソドクシーの宗教という分け方である。(8) オーソプラクシーの宗教とは、実践の正しさを重く問う宗教である。礼拝や巡礼の作法だけでなく、冠婚葬祭はもとより、衣食から商取引に至るまで人間の振る舞い全体に関与するイスラムは、その代表である。逆に、キリスト教のプロテスタントのように教義の正しさを重視する宗教は、オーソドクシーの宗教ということになる。とはいえ、両者の差異がどちらをより重視するかといった相対的なものであることは言うまでもない。オーソプラクシーの宗教は、神を信じ、その教えに従おうとする意志の表れとして、さらにはその意志を確証するものとして、行ないや振る舞いの正しさを求めるのである。

世界の宗教のなかでイスラムと並んでオーソプラクシーの宗教の代表として挙げられるのは、ヒンドゥー教とユダヤ教である。その意味で性格の似た宗教であるかと思いきや、視点を少しずらすと、この二つの宗教とイスラムのあいだには大きな違いがあることがわかる。ヒンドゥー教とユダヤ教はどちらも民族宗教であり、イスラムのような普遍宗教ではない。わかりやすく言えば、人はヒンドゥー教徒あるいはユダヤ教徒として生まれ育つのである。それに対してイスラムは、キリスト教や仏教と同じく、言語や人種の違いには関係なく全人類に向けられた宗教である。理屈で言えば、イスラムは一人ひとりの人間が自分の意志で選びとるものなのだ。しかし、現実はそれとはかなり違っているのではないか。

世界のイスラム教徒の圧倒的多数は、厳密に言えば、自分の意志でイスラム教徒になったわけではない。親はもとより親族をはじめ周囲の人間がみなイスラム教徒だから、その人はイスラム教徒なのだと説明するしかない場合がほとんどである。仏教も、キリスト教も同じである。そうでなければ、ヨーロッパはキリスト教、中東はイスラムというように宗教で世界地図を塗り分けられるはずがない。

要はこういうことだろう。イスラムに限らず普遍宗教であれば、誰でもその意志のみによって信徒になるというのが本来の姿である。肌の色や話す言語はもちろん、親がどの宗教を信じているかも問われない。その宗教が誕生した当初は、それこそが現実だったのだろう。しかしながら、その宗教が一つの勢力として確立し、特定の地域で押しも押されもせぬ存在となるなかで、そこに生きる者は世代を超えてその宗教に属することが当然であるかのようになっていく。しかし、このことがオーソプラクシーの宗教であるイスラムに難問を突きつけることになる。

イスラムが支配的な地域は、大西洋に面したモロッコからインドネシア、マレーシアといった東南アジア諸国まで、驚くほどの広がりを見せる。それぞれの土地の宗教として定着することで、日々の実践において地域ごとに差異が生まれるのは時間の問題だったと言うしかない。中東のある国でイスラム教徒固有の儀礼と考えられているものが、実はイスラム以前の慣習に由来し、東南アジアのイスラム教徒には不可解なものと映ることは少なくない。逆もまたしかりである。もちろん、結婚に関するさまざまな実践もその例外ではない。情報が世界を駆けめぐるなかで、イスラム教徒が結婚するために必要とみなされていたものに疑問が付され、イスラム教徒がイスラムを問い直す動きが生まれるのは避けがたいことなのである。

イスラム法における結婚

イスラム法とは神の望むところに従って生きるための指針であり、その意味では法律よりもはるかに道徳に近い性格を持つ。そう考えれば、法学者のあいだに解釈の相違があることも自然な現象に見えてくるだろう。しかしそれと同時に、現実社会のなかで発生した紛争を解決し、人間同士の関係を制御するには、強制力を持つ何者かが介入し調停する仕組みが必要である。加えて、その際にどの基準が適用されどのような裁定が下るのかについて、ある程度の予測がつかなければ社会の秩序は保たれようがなく、一定の法的な安定性は不可欠である。スンナ派に関して言えば、複数の法学派のうち、当該の地域で支配的な法学派のもっとも主要な法解釈が採用されるという基本的な了解があったのはそのためである。[9]

エジプトをはじめとするかつてオスマン帝国の版図にあった地域では、スンナ派の四法学派のうち、ハナフィー派が公的な位置を占めていた。「個人の身分法（qānūn al-aḥwāl al-shakhṣiyah)」と呼ばれる、現在のエジプトの家族に関する法律は、基本的にはハナフィー派の見解に基づいている。そのため、ここではハナフィー派を中心に見ていくことにしたい。最初に断っておくが、本書では結婚、配偶者間の関係に焦点を当て、この法律が扱う相続、監護権などについては取り上げない。なお、以下ではこの法律を「身分法」と呼ぶことにする。

結婚を意味するアラビア語には、「ニカーフ（nikāḥ)」と「ザワージュ（zawāj)」の二つがある。一般的な会話で使われるのは「ザワージュ」で、「ニカーフ」は「婚姻契約（ʿaqd al-nikāḥ)」など、専門用語として使われる。「ザワージュ」から連想されるのは「一対」「カップル」であるのに対し、「ニカーフ」という語は性行為を連想させ、まさに婚姻契約は両性のあいだにイスラム法的に適切な関係を結ぶためのものであることを示す。

すでに触れたとおり、イスラムでは婚姻関係は当時者間の契約によって成立するものと位置づけられている。一部のキリスト教では、結婚を人間の意志では解消不可能な「秘跡」とするが[10]、イスラムにはそのような見方はなく、婚姻契約は他のいかなる類の契約とも同じで解消されうる。離婚はできる限り忌避すべきだとされてはいるが、禁止されてはおらず、実際にイスラム教徒のあいだでは離婚は珍しくはない。それどころか、現実にはあまりにも安易な離婚が多いことが繰り返し批判されてきた。

婚姻契約を結ぶには、一定の要件を満たす必要がある。イスラム法が求める結婚の要件は「婚姻の柱（arkān）と条件（shurūṭ）」と呼ばれ、「柱」がそもそも婚姻を成立させる大前提であるのに対して、「条件」は契約を結ぶにあたって必要な諸々の事柄ということになろう。具体的に何がこれらにあたるかについては法学派によって見解が異なり、さらには法学者によって解釈が異なることもある。しかし、その差異は通常はそれほど大きなものではない。

当事者が成人の場合、本人の同意が不可欠となる。イスラム法では、身体的な成熟をもって成人とみなすため、年齢が決まっているわけではない。また、両者のあいだに血縁関係や宗教的帰属の違いなどに由来する婚姻障害がないことの確認が求められる。血縁関係による婚姻障害ついては、コーランに次のような一節がある。

あなたがたに禁じられている（結婚）は、あなたがたの母、女児、姉妹、父方のおば、母方のおば、兄弟の女児、姉妹の女児、授乳した乳母、同乳の姉妹、妻の母、あなたがたが関係している妻の生んだ養育中の養女、あなたがたがその妻と、未だ関係していないならばその連れ子を妻にしても罪はない。およびあなたがたの生んだ息子の妻、また同時に二人の姉妹を娶《めと》ること（も禁じられる）。（四：二三）

「あなたがたに禁じられている」に相当するアラビア語は「hurrimat ʻalaikum」であり、アラビア語の文法で言うと男女を区別しない複数形の二人称「kum」が使われているが、内容から判断して、この一節は、男性が誰と結婚してはならないかという形で婚姻障害の対象を示していることは明らかである。女性にとって誰が結婚相手の候補者から外れるのかは、この記述を裏返して考えるしかない。

「授乳した乳母、同乳の姉妹」が含まれているのは、同じ体液として乳が血と重ねられるためであろう。血を分けた者と同じ扱いが、乳を分けた者に適用されている。世界各地に広がっている「母乳バンク」の考え方にイスラム教徒が容易に賛同し得ないのは、誰のものかわからない乳を飲むことによってその子の「血縁」関係が不明確になり、――男性から見ると――同じ乳を飲んだ「姉妹」と結婚する可能性が生まれるからと考えられる。

続いて、宗教的帰属による婚姻障害について説明しよう。イスラム教徒はイスラム教徒としか結婚できないかのように言われることがあるが、実は性別によって違いがある。イスラム教徒の男性は、イスラム教徒の女性のほか、イスラムにおいて「啓典の民」と呼ばれるキリスト教徒やユダヤ教徒の女性とも結婚できる。イスラムではユダヤ教徒とキリスト教徒をイスラム教徒と同じ唯一神から啓典を与えられた者と捉えており、アダム、モーゼ、イエスなどは預言者と位置づけられている。実際、預言者ムハンマドの妻の一人であったとされるマーリーヤは、エジプト土着のキリスト教徒、すなわちコプト・キリスト教徒である[11]。これに対して、女性はイスラム教徒の男性としか結婚できず、キリスト教徒やユダヤ教徒の男性との結婚は許されない。夫は妻の庇護者であるという見方と密接に結びついているのであろう。これについては、あとで再び取り上げる。

では、具体的な手続きに話を進めよう。結婚相手の探し方、契約が結ばれたあとの一連の儀礼など、その土地の慣習に基づく部分についてはあとに回し、ここではイスラム法の見地から婚姻契約の締結に求められるものだけを取り上げることにする。

　まず定型の文言による、女性の側からの婚姻の申し込み（ijab）と男性の側からの承諾（qubūl）というやりとりが行なわれる。なおハナフィー派の見解によれば、成人の女性の場合、後見人（walī）は必要とされてはいないが、契約にあたっては後見人が関与すること、つまり女性が自ら契約を行なうのではなく父親など男性の家族が女性に代わって契約を行なうことが一般的である。父親が女性の後見人となる場合、「私の娘〜をあなたと結婚させる」という内容の文言を唱え、男性側は「〜との結婚を受け入れる」と返すのである。その際に必要不可欠なのは、二人以上の証人が立ち会うことである。イスラム法では通常、契約において証人の立ち会いが必要とされることはないため、婚姻契約において二人の証人を求めるのは、両者の関係を広く知らしめることを重んじるからだという見方もある。(12)

　ちなみに、契約が成立したことについて広く公開することは、マーリキー派では必要とされているが、ハナフィー派を含め、スンナ派の他の法学派では必要とされてはいない。二人の証人が立ち会うことで充分という見方であろう。また、婚姻関係の成立を祝う宴会（walimah）を催すことが推奨されてはいるものの、様式についての具体的なルールは定められていない。

　契約に話を戻すと、かならず取り決められるのは、男性から女性に贈られる婚資の額である。通常、一度に全額が渡されるのではなく、結婚するにあたって先に支払われる部分（muqaddam）と、離別あるいは死別した場合に支払われる部分（muʾakhkhar）に分けられる。後者については夫を失った女性の生活を保障するものであると同時に、その額が大きく設定されることには夫が安易に離婚の意志を固めることを防ぐ働きがあるとも考えられる。イスラム法では男性に一方的な離婚権が与えられていることを考えれば納得がいくだろう。なお、婚資は女性本人に渡されるものであり、その親に支払われるものではない。また私有財産はすべて個人に属し、夫婦別財産であるので、婚資として受け取ったものは結婚後、妻個人の財産となる。(13)

婚資に関する有名なハディースに、「貧者の結婚」と呼ばれるものがある。ある貧しい男が一人の女を娶りたいと預言者ムハンマドに申し出たが、彼には「鉄の指輪」すらなく、彼が所有するものと言えば自分が身に着けている衣だけであった。婚資が払えなければ結婚できないと知って落胆し、その場を去ろうとする男をムハンマドは引き留める。なお、ここで「神の使徒」と呼ばれているのは、預言者ムハンマドのことである。(14)

その男はすっかり落胆して長い間座っていたが、やがて立ち去ろうとしたとき、神の使徒が彼を呼び寄せて「コーランのうち、何を知っているか」と尋ねると、彼は、これこれの章と言って幾つかを数え上げた。さらに預言者が「それらを暗誦できるか」と尋ねたとき、男が「はい」と答えたので、彼は「よろしい、お前が憶えているコーランを贈与財として、彼女と結婚させて上げよう」と言った[15]。

ここで「贈与財」と訳されているのはこれまで「婚資」と呼んできたものであり、このハディースによれば、婚資はかならずしも金銭的に価値のあるものでなくてもよいということになる。

しかしながら、このハディースは「鉄の指輪」さえ贈ることのできない貧者について語られているのであって、一般論として金銭的な価値のないものを婚資とすることが許されているわけではない。イスラム法では基本的に、婚資は妻の社会的身分と夫の経済力に見合ったものでなければならないとされる。「適性（kafāʾah）」という用語で、家系、経済力、職業などに関して男性が女性と釣合いがとれていることが求められ、「同等の婚資（mahr al-mithl）」という言い方で、契約に額が明記されていない場合でも、妻となる女性には彼女の親族で同等の女性が受け取った婚資と同じ額が支払われるべきだという考え方が示されている。

だとすれば、婚資の額が社会的な関心を集めるのは当然であろう。花嫁となる女性に良い家柄、高学歴などの条件が揃っていれば、それは額に反映される。容姿が優れていれば、さらに額は上がる。言い換えると、婚資の額の決定は社会に対して花嫁の価値を宣言する意味を帯びるのである。花嫁側が婚資をできるだけ高くしたいと願うのは、当然と言えよう。

婚姻契約で取り決められるのは婚資の額だけではない。きわめて具体的な事項が約束として交わされることも珍しくない。二〇世紀初頭のエジプトにおける女性解放運動の旗手として歴史に名を残すホダー・シャアラーウィー（一八七九〜一九四七）が結婚する際、彼女を唯一の妻とすること、彼女以外の妻を迎えないことを契約に盛り込んだことはよく知られている。[16] 現在では、他に妻を持たないことのほか、結婚後も妻が仕事を続けることを認めること、妻が自分の親や親族を訪ねることを妨げないこと、などがよく契約書に記載される事項である。

日本でも最近、結婚後に問題が起きないよう、「婚前契約書」と呼ばれるものを弁護士や行政書士のもとで作成する人が増えているようだが、結婚後の生活について拘束力のある約束を取り交わすという点では、考え方は同じである。しかし、近年の日本のこうした契約書とエジプトのイスラム教徒のそれとのあいだには大きな違いがある。エジプトの場合、記入されるのは妻となる女性が夫となる男性に遵守を求める事項であり、逆はまず考えられない。

すでに触れたとおり、イスラム法では夫が庇護者の立場（qiwāmah）に立ち、妻は庇護される者となる。具体的には夫は妻および子を扶養（nafaqah）する義務を負い、妻は夫に服従（ṭāʻah）する義務を負う。こうした考え方の根拠となっているのは、コーランの次の一節である。

男は女の擁護者（家長）である。それはアッラーが、一方を他よりも強くなされ、かれらが自分の財産から（扶養するため）、経費を出すためである。それで貞節な女は従順に、アッラーの守護の下に（夫の）不在中を守る。（四：三四）[17]

男性には複数の妻を持つ権利がある。さらには、一方的な離婚権がある。男性は自分が望めばそれだけで妻と離婚することができるのに対し、女性は夫に何らかの咎《とが》がなければ離婚を求めることができないとされてきた。妻の立場はそれほどに不安定だった。こうした不均衡を少しでも是正しようとするかのように、女性は夫となる男性に遵守を求める事項を契約に盛り込むのである。[18]

これを聞くと、まさに女性差別と断罪したくなるだろう。たしかに、多妻制の問題とともに、偏った離婚権についてはイスラム教徒のあいだでも長く議論の対象となってきた。しかしながら経済的な側面に目を向けると、それほど単純な話ではないことがわかる。なぜなら見方によれば、夫はひたすら責任を負い、妻は権利を享受するだけとも見えるからである。扶養の義務は一方的に夫にある。婚資は妻個人の財産であり、妻がそこから生活費を出す必要はない。たとえ妻が親から大金を相続していたとしても、たとえ豊かな収入があるとしても、さらには夫が経済的な苦境にあるとしても、妻には経済的な責任は発生しない。

預言者ムハンマドの結婚

ここでイスラムの預言者、ムハンマド・ブン・アブドゥッラー（五七〇頃～六三二）の結婚について簡単に見ておきたい。イスラム教徒にとって彼は神に選ばれた者であり、まさしく理想的な人間である。彼の振る舞い、行ないは人々の模範であり、イスラム教徒にとっての理想の夫婦像も彼とその妻に見出されるはずだ。

ムハンマドには多くの妻がいた。その数は十人を超す(19)。かつて西洋のキリスト教世界では、多くの妻がいたことを理由にムハンマドを好色な男と揶揄することが多かった。いや、今もイスラム嫌悪の言説のなかには生きていると言うべきかもしれない。しかし、ムハンマドが複数の妻を持ったのは、メッカからメディナへの移住後、すなわち彼がイスラム共同体の指導者になったあとだったことを考えると別の側面も見えてくる。

最初の結婚は、ムハンマドが二五歳のときであった。相手は一五歳年上のハディージャという女性である。当時ムハンマドはメッカで隊商貿易に携わる商人であったが、生まれる前に父親を亡くした彼には強力な後ろ盾もいなければ、大した財力もなく、依然として独り身であった。一方、ハディージャはムハンマドと結婚する前に二度結婚し、二度とも夫と死別していたという。寡婦でありつつも、家柄の良いハディージャには経済力もあり、隊商貿易に投資をしていた。現代風に言えば、二人はビジネスをとおして知り合ったのである。(20)

ハディージャはムハンマドの人柄に惚れ込み、自分のほうから結婚を申し込んだという。格違いにも思われる縁談にムハンマドは最初躊躇したようだが、結局二人は結ばれ、数人の子をもうけている。このハディージャが特別なのは、啓示を受ける前、つまり一介の商人であった頃のムハンマドを知り、その時代のムハンマドと人生をともに歩んだという点である。のちに啓示を受け、その経験に戸惑うムハンマドを勇気づけ、背中を押し続けたのは彼女だった。

四〇歳になろうとする頃、ムハンマドはメッカ郊外にあるヒラー山の洞窟に独りで籠っていた。当時のメッカには山籠もりの習慣があったらしい。そのとき、ムハンマドのもとに天使が現れて神のことばを伝えたという。最初の啓示が降りたのである。このときの様子について、次のようなハディースが残されている。

これらの言葉を胸に、預言者は怖れにふるえながら妻ハディージャのもとへ帰って行き、「わたしを覆って、わたしを覆って」と叫んだ。彼女がそうすると、間もなく怖れは去り、彼は彼女に事の次第を話してきかせ、怖れのあまり死ぬのではないかと思ったことを告げた。これを聞いてハディージャは「滅相もない、アッラーは決してあなたを辱めない（或いは、悲しませない）でしょう。あなたは身内の者によくし、弱い者を支え、貧しい者に施し、旅人を温かくもてなし、世の変転の犠牲となった人々を助けているのですから」と言った。(21)

ハディージャはこのあと、自分の従兄弟であるワラカのところへムハンマドを連れて行く。ワラカはキリスト教徒であった。当時のアラビア半島の人々の圧倒的多数は偶像崇拝を行なう多神教徒であり、彼らには聖なる書物というものがなかった。そのため、聖書を持つキリスト教徒は、自分たちにはわからない何かを知っている人々と映ったのかもしれない。話を聞いたワラカは、語りかけたのはかつてモーゼに遣わされた天使ではないかとムハンマドに告げた。ムハンマドはこれによって、ようやく預言者として選ばれたという自覚を持ち始めるのである。

しかしながら、ムハンマドがメッカで布教を始めたあとも、彼の説く教えに耳を傾ける者は少なかった。わずかな入信者も周囲から迫害を受けた。そのなかでムハンマドを必死に支えたのがハディージャだったのである。のちにアラビア半島を統一し、それまで多神教が支配していた地域にイスラムという一神教を打ち立てるというムハンマドの偉業は、彼女なしにはありえなかったと言っても過言ではないほどだ。

しかしハディージャは、六一九年、ムハンマドの成功を自分の目で見ることなくこの世を去る。この年はイスラムでは「悲しみの年（'ām al-ḥuzn）」と呼ばれているが、それは父親代わりのおじアブー・ターリブと最愛の妻ハディージャという、もっとも大切な二人の人間を、この年にムハンマドが失ったことに由来する。ハディージャの存命中、ムハンマドは他の誰をも妻とすることはなかった。

ムハンマドがその後、六二二年にメディナに拠点を移すことで、イスラムの成功の歴史が始まったことはよく知られている。詳細な説明をする紙幅はないが、重要なのは、この六二二年の「聖遷（hijrah）」をもってイスラム共同体（ummah）が誕生し、ムハンマドはその指導者になったという点である。

メディナに移動したあと、ムハンマドは複数の妻を迎える。先に触れたコプト・キリスト教徒のマーリーヤ以外はすべてイスラム教徒であり、そのうちムハンマドと結婚したときに処女だったのは、アーイシャだけであった。それ以外は、すべて夫と死別あるいは離別した女性であったのである。ムハンマドは、寡婦など寄る辺のない者を妻として庇護下に置いたという見方も可能ではないだろうか。

アーイシャは、のちに初代カリフになるアブー・バクルの娘である。ハディージャを措いて、最初にイスラムの教えを受け入れたのはこのアブー・バクルだったという。ムハンマドにとってアブー・バクルはもっとも信頼のおける盟友であり、兄弟のような存在でもあった。その娘であるアーイシャとの結婚は、二人の幼い頃からのきずなの強さを確認する意味があったとも考えられる。

ちなみに、アーイシャの名がハディージャと並んでよく知られているのは次のような理由による。一つは彼女がムハンマドの妻となった年齢である。ムハンマドは五三歳で、そのときのアーイシャの年齢には諸説あるが、どの説をとっても一〇歳にはなっておらず、彼女がまだ幼い子供だったことは確かなようだ。これを根拠にイスラムは幼児婚を奨励しているという非難を耳にすることがあるが、[22]ムハンマドの他の妻たちが夫と死別あるいは離別した成人の女性であることからそれが的外れなのは明らかである。

もう一つ、アーイシャを有名にしているのは、彼女がムハンマドにとくに愛されていたからであろう。ムハンマドが彼女に看取られてこの世を去ったことは、イスラム教徒なら誰もが知っている。ムハンマド自身が、その夜はアーイシャとともにいることを望んだという。ムハンマドがそれほどアーイシャを愛した理由の一つには、彼女の聡明さがある。アーイシャの聡明さは、彼女が非常に多くのハディースを伝えていることからもわかる。

ムハンマドの慣行はイスラム教徒にとっての模範であるため、彼の言行を伝えるハディースについては、ねつ造されたもの、正確ではないものが混じり込んでいないかが専門家によって徹底的に検討される。誰が伝えているか、そしてその人物が信頼できるかが判断の重要なポイントとなるため、個々のハディースには出所となる人物の名前がかならず付されている。そして、主要なハディース集のどれを見てもアーイシャが伝えているものが数多く収められており、このことから彼女の記憶の正確さはのちの学者たちに広く認められていたことがわかるのである。

ハディージャやアーイシャを含め、預言者ムハンマドの妻たちは「信者たちの母」と呼ばれ、[23]イスラム教徒にとって敬愛の的となっている。しかしながら、イスラム教徒のあいだで彼女たちの姿が常に非の打ち所のない、完璧な女性として描かれるかというと、かならずしもそうではないことに驚かされる。

アーイシャ・アブドゥッラフマーン（一九一三～九八）という女性研究者による『預言者の妻たち』という一冊の本を紹介したい。まず、この研究者について一言で説明するならば、コーラン解釈や預言者伝の研究という、それまで男性にほぼ独占されていたイスラム諸学の領域に足を踏み入れ、かつ活躍した最初期の女性研究者ということになろうか(24)。彼女はその時代を代表する知識人、大学教授であり、エジプトを代表する新聞、アハラーム紙のコラムニストとしても名を馳せた。

彼女は地中海岸の町、ダミエッタの出身である。故郷の海辺の町への思いが強かったのであろう。新聞にコラムを書くときには、彼女は好んで「海岸の娘」を意味する「ビントゥッシャーティィ」という筆名を使った。父親はイスラム諸学を教える学院、マドラサの教師であったが、母親は当時の多くの女性がそうであったように文字を読むことすらできなかった。興味深いことに、娘のアーイシャがカイロに行き、博士号を取るまで勉学を続けることができたのは、ひとえに母親の手助けがあったからだという。女性であるがゆえに教育の機会を奪われる悔しさを娘には味わわせたくなかったのであろう。娘の聡明さに気づいた母親は反対する夫とのあいだに立ち、娘が教育を受け続けられるよう、ありとあらゆる手を尽くしたという。そして、娘は母親の期待に応えた。

要するに、アーイシャ・アブドゥッラフマーンの育った家庭は西洋風でも近代的でもなければ、時代の最先端を行くエリートでもなく、どちらかと言えば伝統的、保守的な家であったということである。こうした家庭環境とそこで培われた感性は、その後の彼女の仕事ぶりにも反映したに違いない。彼女の視点は、当時の平均的なエジプトの人々と近いところにあったのではないかと思われる。

彼女の仕事でもっとも知られているのは、『預言者の妻たち』である。『預言者の母』『預言者の娘たち』『サイイダ・ザイナブ』『サイイダ・サキーナ』と合わせて、五部作と呼ばれることが多い(25)。ハディース、権威ある預言者伝などを使いつつ、預言者ムハンマド本人ではなく、彼とつながる女性たちに焦点を当てた一連の著作は注目を集めた。なかでも『預言者の妻たち』は版を重ね、今日も読まれている。

この本が読まれ続けているのは、そこに描かれている妻たちの姿が読者の心をとらえて離さないからだろう。いったい、アーイシャ・アブドゥッラフマーンは妻たちをどのように描いたのだろうか。まずはハディージャについて見てみよう。先に同じ場面のハディースを紹介したが、はじめて啓示を受け、戸惑うムハンマドを支えるハディージャの様子がこの著作では次のように描かれる。

みいつの夜、ヒラーの洞窟にいた彼に啓示が降りるやいなや、夜明け前の薄暗がりのなか、恐れおののき、青ざめ、足をがくがくさせながら家に向かって駆け出した。妻の部屋にたどり着くと、彼はやっと安全な場所にいるという気持ちになれた。そして震え声で何が起きたかを彼女に話し、恐ろしさを打ち明けた。

彼は夢を見てたわごとを言っているのか。それとも狂ってしまったのか。

ハディージャは彼を胸に抱きかかえた。ムハンマドの様子は彼女の心の奥底にある母性をかきたてた。そして彼女は確信を持ってはっきりとこう言い放ったのである。

「神が護ってくださいます。私の魂がその御手にある神にかけて、このハディージャはあなたがこの共同体（ummah）の預言者になることを願います。神はけっしてあなたを辱めはしません。あなたは血縁の者を大切にし、偽りを語らず、哀れな者を助け、客人をもてなし、良い時も悪い時も人々を助けてきたのですから。(26)」

ムハンマドがハディージャを信頼しきっていたこと、そしてハディージャもムハンマドの人格に惚れ込んでいたことがよくわかる。「愛情深く信仰心のあるこの妻は、彼に寄り添い、彼を助け、励まし、何年にもわたる激しい迫害と受難に耐える彼を支え続けた」とされ[27]、メッカ時代の苦境にあるムハンマドを支えたのはハディージャであることが幾度も強調されている。父の顔を知らず、幼くして母親も亡くしているムハンマドにとって、ハディージャは妻であると同時に母でもあり、さらにはともに困難に立ち向かう同志でもあった。ハディージャはまさに完璧な女性として描かれていると言うしかない。

しかしながら、『預言者の妻たち』を読み進めていくと意外なことに気づく。ハディージャ亡きあと、メディナに移ってから迎えた妻たちはこれとはまったく別の扱いを受けているのである。アーイシャの例を取り上げよう。繰り返しになるが、アーイシャはムハンマドに深く愛された妻であり、聡明さで知られた女性である。

アーイシャは、ムハンマドがハディージャを忘れられないことに苛立つ。次々と迎えられる新しい妻たちに嫉妬する。ムハンマド自身、美しい女性に心惹かれる。なんと人間臭いことかと驚きを禁じ得ない。しかし、『預言者の妻たち』の著者はこれを自然なこととして描くのである。少し長くなるが、嫉妬するアーイシャの様子について書かれた部分を見てほしい。

アーイシャは、他の妻たちから逃れようがなく、その存在を拒絶する術もなかった。というのは、彼女以外の人々もわかっていたように、彼女自身も——ムハンマドに人間らしい欲望がないわけではないにしても――彼が（他の妻たちと）結婚したのはそうすることが必要であり賢明だからだ、と理解していたからである。

また彼女は――すべての人が知っているとおり――、自分こそが妻たちのなかでムハンマドからもっとも寵愛を受け、好まれている妻であることも知っていた。では、彼女は満足し納得して暮らしていたのであろうか。

とんでもない。彼女はどんな手段を使ってでも、夫の心を独り占めしよう、他の妻たちを遠ざけようと必死だった。女らしさ、賢さ、若さ、そのすべてを使って他の妻たちを越えてはならない一線の手前で留まらせようとしたのである。

預言者が人間らしさのあるふつうの男であったのと同じように、アーイシャも、他の妻たちも、人間らしさに欠けてはいなかった。だから彼女はそうしたのである。(28)

嫉妬心を燃やしたのはアーイシャだけではない。妻たちの仲たがいについては繰り返し言及されている。敬愛の対象であるはずの人物を貶めようとでもしているのかと、首をかしげたくなるだろう。この謎を解くためのキーワードは、「人間らしさ（bashariyah）」である。

コーランには、「あなた以前にわれが遣わした使徒たちは、一人として食べ物を食べない者はなく、町を歩き回らない者はなかった。」という一節がある（二五：二〇）。つまりイスラムではムハンマドも、その先輩にあたる使徒たちも、みな人間であると強調する。不可解に聞こえるかもしれないが、これには神と人間の隔絶性を確認する意味がある。使徒もまた、あくまで人間なのだ。

人間らしいということは、欠陥もあれば間違いも犯すと同時に、人間味という温かさを持つことでもある。妻たちの見せる嫉妬心もそういうふうに捉えるべきだというのが、アーイシャ・アブドゥッラフマーンの考え方なのである。

アーイシャ・アブドゥッラフマーンは、この著作の終わりに近い部分で、当時のエジプトを代表する文人であるムハンマド・フセイン・ハイカル（一八八八〜一九五六）を批判している。ハイカルがムハンマドの数多い結婚は恋愛感情によるものではないと主張していることについて、彼女は真っ向から反論しているのである。フランスで学びパリ大学で法学の博士号を取得したハイカルにしてみれば、ムハンマドに多くの妻がいたことは好色の証拠だという典型的なイスラム批判に対抗しないではいられなかったのだろう。そのために、ムハンマドは色恋沙汰など無縁な人間、神のためだけに生きた人間だと訴えた。

ところがアーイシャ・アブドゥッラフマーンは、ハイカルのこの姿勢をこき下ろす。ムハンマドがザイナブという女性の美しさに目を奪われ妻にしたというエピソードに言及し、その話がイスラムの古典的なテキストに記されており、充分な根拠があることを強調したうえで、「それに何か不都合でもあるのか」と言い放っている。(29)

両者の違いは次の点にある。ハイカルが西洋の言説を出発点とし、その論理に従う形で発言しているのに対し、アーイシャ・アブドゥッラフマーンはそうではない。彼女はハイカルとは対照的に、西洋人の言うことなどどこ吹く風といった様子で、イスラムの学問的伝統のみを拠り所としてムハンマドとその妻たちを描いた。

イスラム教徒は、ムハンマドのなかに人間としての最高傑作を見る。「信者たちの母」と呼ばれる彼の妻たちにも、人間味あふれる女性たちとして、憧れの視線が向けられる。美しい女性を見ると心を動かす男、そしてそれに嫉妬心を燃やす女、その意味ではごくふつうの人間でありながら、神の命ずるところに従って生きようと懸命に努力したムハンマドとその妻たちの姿に理想像を見出すのである。

多妻制をめぐる議論

最後に、多妻制についてイスラム教徒がどのように議論しているかについて簡単に触れておこう。否定するのか、それとも神の許したものとして不問に付すのか。重要なのは、是とするのであれ非とするのであれ、何を論拠とし、どのような語彙で自説を唱えるかである。

イスラムでは一般に、四人まで妻を娶ることが許されているというが、その根拠として挙げられるのは、コーランの次の一節である。

あなたがたがもし孤児に対し、公正にしてやれそうにもないならば、あなたがたがよいと思う二人、三人または四人の女を娶れ。だが公平にしてやれそうにもないならば、只一人だけ（娶るか）、またはあなたがたの右手が所有する者（奴隷の女）で我慢しておきなさい。このことは不公正を避けるため、もっとも公正である。（四：三）

まず、妻の数を定める一節とされるものが、孤児の扱いについての言及から始まっていることは読む者を困惑させるのではないか。「二人、三人または四人の女を娶れ」と命ずる前に、「あなたがたがもし孤児に対し、公正にしてやれそうにもないならば」という条件がなぜ付いているのかまったく理解できないだろう。ちなみに「孤児」と訳されているアラビア語「ヤティーム（yatīm）」は、両親のない子ではなく、父親のない子を意味する。ここでは、母親はいるが父親のない子が話題になっているのである。

この一節について、本書で使用している日本ムスリム協会による日本語訳には次のような注釈が付いている。

オホドの戦役において、七百人のムスリム軍の中から七四名の戦死者を出し、多くの孤児と寡婦の救済は、当時の社会では至難の問題であった。一般にイスラームの多妻につき、本節で述べられる前段と後段の条件が無視されているのは遺憾である。イスラームの精神は、この文面からも明らかなように一夫一婦制であり、またムスリム社会の現実もそうである。[30]

「オホドの戦役」とは、最近では一般に「ウフドの戦い」と呼ばれているもので[31]、六二五年に起きた、メディナを本拠地とする預言者ムハンマドが率いるイスラム教徒軍とイスラムを拒否するメッカの多神教徒軍の戦いである。両者のあいだでは数度にわたって戦いが行なわれ、最終的にはイスラム教徒側が勝利するものの、この戦いではムハンマド自身が負傷するだけでなく、イスラム教徒側に多くの戦死者が出た。「二人、三人または四人の女を娶れ」という啓示はこの戦いのあとで降りたものとされる。

つまり、日本ムスリム協会によれば、この啓示はイスラムのために命を落とした男たちの妻と子供たちの庇護者になることを生き残った男たちに命じたものと見るべきであり、何の前提もなく四人まで妻を持つことが許されたと見るのは間違っているというのである。複数の妻を娶ることは非常時において寡婦と孤児を保護することが目的であったという解釈は、ほかでもしばしば示されている。(32)

また複数の妻に対して公平であることという条件に関しては、物質的には公平でありえても、同じだけの愛情を注ぐというのは——預言者ムハンマドにはなしえたとしても——ふつうの人間にはできない真似であり、実質的には「只一人だけ」を娶ることが命じられているという解釈が示されることも少なくない。コーランには、それを後押しするような一節もある。

あなたがたは妻たちに対して公平にしようとしても、到底出来ないであろう。あなたがたは(そう)望んでも。(四:一二九)

もっとも、現在のエジプトで複数の妻を持つ男性は、例外的と言ってもよいほどに少ない。だとすれば、多妻制の功罪についてとくに議論する必要などないと考えるのが自然だろう。しかし、現実はそうではない。それは熱い議論の的となる。多妻制が外から批判されるだけに、それにどう応えるかの態度決定が迫られるのである。

あるテレビ番組で女性の地位とイスラムについて意見を訊かれた際、アズハル機構の総長であるアフマド・タイイブは多妻制について次のように明言している[33]。「イスラムでは複数の妻と結婚することが求められているかのように言う者がいることは遺憾である」と。そして、「(そのようなことを言う者には)二人、三人と結婚することを男性に命じているコーランの一節あるいはハディースの一つでも示してみよと言いたい」と強い語調で付け加える。さらには、先の「だが公平にしてやれそうにもないならば、只一人だけ」というコーランの一節を引用し、ふつうの男性にはすべての妻に「公平」にするなど不可能だと語ったうえで、イスラムは家族を大切にし、それを破壊するようなことを避けるよう説いているると説明するのである。

ウラマーがこうした見解を表明するのは、実はとくに珍しいことではない。近代のイスラム改革思想を語る際にかならずその名が言及されるムハンマド・アブドゥ(一八四九〜一九〇五)が、多妻制の制限を強く訴えていたことはよく知られている。アブドゥは当時、エジプトのウラマーたちの頂点にあった人物である[34]。

しかしながら、多妻制を女性の結婚難の解決策であるかのように言う声が上がる昨今の流れを受けてであろうか、アフマド・タイイブの発言は関心を集めたようで、複数の新聞に取り上げられている。なかには、研究者や識者のコメントを添えた記事もある。その一つ、ドゥストゥール紙の記事を見てみよう[35]。イスラム法学を専門とするムフタール・ムハンマド・マフムードは、多妻制は妻たちと子供たちの公平を前提としたものであり、今の経済状況を見れば住居にしても生活費にしても、どちらかを犠牲にせず二人の妻に対して公平にすることなどありえないと語る。そして、そもそもイスラムは、たとえば一人目の妻が子を産めないなど、例外的な場合にのみ二人目の妻を娶ることを許容しているのだと主張する。

ただ、これとは別の見方があることも確かである。多妻制を擁護する声も消えてはいない。同じ記事のなかで、アズハル大学のアフマド・カリーマが糾弾するのは、「イスラム法によって許された多妻制に反対する人々、そして姦通つまり禁じられた多妻制を容認する西洋の考え方を持ち出してイスラムの多妻制を攻撃するような人々」である。複数の妻を持つには満たすべき条件があることを認める点では彼も同じであるが、その後の力点が異なる。一夫一婦制と言いながら、婚外の性交渉が野放しにされ、親子の関係が崩壊しつつある自分たちの問題を棚上げにして、イスラムの多妻制を非難する西洋の人々の矛盾を彼は突く。

イスラムでは性交渉自体を汚れた、卑しい真似と見ることはない。しかしそれは一定のルールの下でなされるべきものであり、男性は配偶者である女性と生まれてくる子の両方に対して責任を果たさなければならない。多妻制はこの要件を満たしうるが、婚外の性交渉はこれに反しているということなのである。

このように多妻制についての見解はまちまちであるが、ある一点では一致していることを見逃してはならない。それは、イスラムの外からの、西洋の論理による批判には容易に同調しないという点である。多妻制を事実上否定する場合にも、根拠として挙げられるのはコーランの「だが公平にしてやれそうにもないならば、只一人だけ」という一節であり、西洋的な「女性解放」の論理ではない。

あらためて確認しておくが、コーランがイスラム教徒の語りや振る舞いをすべて決定するのではない。そうではなく、そのときの社会の状況、これまで重ねてきた経験が、人々にコーランの一節から多様な意味を読み取らせるのである。

第三章　国家の関与と結婚の変容

社会の変化と結婚

前章では、イスラム法が結婚について何を求めているか、そしてあるべき結婚に関してどのように議論しているかを概観した。しかしながら、人々の具体的な実践という次元に話を移すと、かならずしもイスラム法の論理だけでは説明がつかないものが多い。ムハンマドの慣行に由来するとは到底見なしがたいものも少なくない。すでに述べたとおり、人々の考え方や振る舞い方には、イスラムの教えだけではなく政治的、経済的、あるいは社会的な配慮や計算といった多様な要素が直接、間接に力を及ぼすからである。

本章では、近代国家の成立が結婚にもたらした変化という視点から考えていきたい。一般論で言えば、結婚は社会集団のもっとも基本的な単位を作り出すものであり、結婚のあり方は社会全体の構造やその時代に支配的な思想、価値観とかならずと言ってよいほど結びついている。

日本の例をとおして確認してみよう。古代から現代に至る日本の結婚、家族制度の変遷について論じた『家族と結婚の歴史』によると、古代の日本では恋愛と結婚の明確な境目がなく、庶民の結婚が一対一の単婚制度に移行するのは一二世紀であり、また貴族のあいだで結婚に関する儀式が行なわれるようになったのは一〇世紀頃だという。(1) 現代の日本で当然とされている、一対の男女が結婚式を行ない、登録を済ませることで夫婦という単位が形成されるという常識は、実は歴史の浅いものなのである。

儀礼について言うと、明治時代から昭和初期にかけては、次のようにとり行なわれていた。婿方の使者が嫁方を訪れ、花嫁およびその両親や親族と杯を交わしたあと、花嫁を乗せた輿を中心に、親戚一同が行列を組んで婿方に向かう。花嫁花婿の三々九度に続き、両親、家族、親戚、その他の客が杯を交わす。色直しを経て宴会が続くが、それと同時に行なわれるのがいわゆる「床入り」であった。それは一連の儀礼のセットであり、今の感覚からすれば、どこからどこまでが結婚式なのか、どこからが宴会なのかはっきりとした区別がない。そして、神道、仏教を問わず、いわゆる宗教的な要素というものが一切ない。

これに大きな変化をもたらしたのは、明治末期から大正、昭和にかけての神前結婚式の流行であった。そのルーツとして広く認められているのが、明治三三年に行なわれた、のちの大正天皇、皇太子嘉仁と九条節子の結婚式である。[2] 嘉仁と節子は宮中の賢所《かしこどころ》の神前で婚儀を行ない、その後洋装に着替えて天皇皇后に挨拶をしたあと、馬車でパレードをし、沿道の人々の祝福を受けている。この結婚式は、洋装に身を包んだ新郎新婦のパレードという新しさと、神前での婚儀という神道的な儀礼を併せ持ったものであり、まさに日本固有の文化を捨てずに近代化を目指した時代の産物と言えるだろう。

そして、天皇家の結婚に倣った神前結婚式を民間に広げたのは「永島式結婚式」だという。[3] 明治四二年、「永島婚礼会」という今で言うところのウェディングプロデュースの会社が婚礼に必要な道具一式と、神職、巫女、雅楽奏者のスタッフ派遣をセットで販売し始めたのである。庶民にも手の届く価格設定により、神前結婚式が急激に普及していく。日本の伝統的な結婚式といえば神道式、つまり神前結婚式だという連想はこうして生まれた。

なお法的手続きに関しては、日本で登録が求められるようになったのは、一八九八年の民法制定による。民法のなかでも親族および相続に関する家族法により、男女別に定められた最低年齢に達していること、戸主の同意を得ることなどの条件を満たしたうえで、市町村長に結婚を届け出なければならなくなった。そうでないものは法的には無効であり、両者のあいだに生まれた子は非嫡出子として不利益を受けることになったのである。今日の日本社会で「正式に結婚している」と言えば、それは結婚式を挙げたか否かには関係なく、法的手続きを終えていること、つまり婚姻届を出していることを意味するが、この法律婚主義が誕生したのはこの時期である。

届け出をすることで、法的に夫婦となった二人のあいだには次のような権利義務が発生した。それは、夫が妻の財産を管理すること、妻が重要な法律行為をするには夫の許可を得なければならないこと、日常の家事においては、妻は夫の代理人とみなされることなどである。(4)

この法律が当時、近代国家としての日本のあるべき姿と考えられていたものと直結していたという点は見逃せない。家族が次の世代を生み育てる私的領域と規定され、それは女性の領域であるとされながら、責任者として家族の頂点に立つのは男性だという、今もひそかに生きている考え方が登場したのはこの時代である。(5)強く厳しい父親と慈しみ深い母親、そして両者を敬う子たちという像は、国を率いる権力者とそれに従う一般国民との関係のアナロジーともなっていく。これから順を追って見ていくが、エジプトでもこれとほとんど同じ現象が起きている。

国家の定める「イスラム性」

ムハンマド・アリー王朝の下で進められたエジプトの近代化／西洋化政策のなかで、とくに注目しなければならないのは司法の領域である。日本と同じく西洋がモデルとされ、留学生がフランスに送られた。ゆっくりとではあるが着実に、イスラム法から離れたところで改革の動きが進んでいく。

法改革は政治、経済に直接関わる部分から始まった。二〇世紀を代表するイスラム法研究者であるノエル・J・クールソンは、オスマン帝国で一九世紀の半ばにフランスの法に倣った法改革が進んだことについて触れたあと、次のように述べている。

一八七五年以降、フランスの法律を適用することにおいてエジプトはオスマン帝国よりもさらに先へ行った。刑法、商法、海事法の公布、これらを適用する世俗的な裁判制度の設立だけでなく、エジプトはシャリーア（イスラム法）の規定をごくわずかしか含んでいない、基本的にはフランスの法に基づく民法をも制定したのである(6)。

一八七五年、当事者に外国人を含む民事および商事に関する訴訟のための特別な裁判所として混合裁判所が開設され、それにともなってフランスに倣った諸法が導入される。[7] この場合、「外国人」とは非イスラム教徒を指していると考えてよい。イスラム法はイスラム教徒のためのものであり異教徒である外国人に適用すべきではないという論理が、イスラム教徒は異教徒の作り出した法によって裁かれるべきではないという論理よりも優先されたのである。

続いて当事者に外国人を含まない訴訟についても大きな変化が生まれる。一八八三年、国民裁判所が創設され、こちらでも混合裁判所と同じくナポレオン法典に基づいた法が使われることになった。[8] これによって、イスラム教徒がイスラムとは無縁な法によって裁かれるという事態が一般化していくことになる。イスラム法による裁判所、いわゆるシャリーア裁判所は残されたが、その管轄は個人の身分に関わる訴訟とワクフと呼ばれる寄進財産に関わる訴訟に限定された。[9]

このことの意味の大きさは、どれほど強調しても足らないほどである。一九四二年に初版が出され、今日も広く読まれているイスラム法理論の入門書、アブドゥル＝ワッハーブ・ハッラーフの『イスラムの法』を見てみよう。[10] コーランに含まれる規範として、信条的規範、倫理的規範、行為規範の三種類が示され、行為規範には礼拝など神への奉仕行為に関わる「儀礼的規範」とイスラム教徒相互の関係の規制を目的とする「法的規範」があると説明される。そのうえで「法的規範」に区分されるものとして、次の七つが挙げられている。それは、身分法的規範、民法的規範、刑法的規範、刑事訴訟法的規範、憲法的規範、国際法的規範、財政法的規範である。

これに倣って言えば、法的規範の七つの区分のうちのただ一つだけ、「家族とその成立に関わるもので、夫婦および親族相互の関係の規制を目的とする」身分法的規範だけが生き残り、他はすべてイスラムに根を持たない法に取って代わられたということなのである。一九二〇年法律第二五号として、扶養、離婚に関する法がはじめて制定される。一九二九年、親子関係や子の監護権についての法が定められ、四三年、四六年には相続に関する網羅的な法が制定される。その後数度にわたって改正されて今日に至っているが、一般に「身分法」と呼ばれるのは、これら一連の法のことである。アラブ諸国での先駆けとなった例として、エジプトのこれらの法には重要な意味がある。

エジプトの「身分法」は——部分的には他の法学派の学説を採用してはいるものの——、基本的にはハナフィー派法学の主要な見解に基づくものであり、その意味ではイスラム法の規定が今も生きているという見方はあながち間違いではない。とはいえ、伝統的なイスラム法学の考え方や手続きがそのまま残されたかというとそうではない。なによりもまず、歴史的に成文化されず、議論の蓄積として存在してきたイスラム法が国家によって成文化され、制定された法律になることは、第一義的には道徳的な指針だというイスラム法の性格が脅かされたことを意味する。

司法制度について言うと、一九三六年にエジプトがイギリスと同盟条約を結んだあと、混合裁判所が一九四九年に廃止される。一九五五年にはシャリーア裁判所が廃止され、それまでシャリーア裁判所の管轄であったものが国民裁判所に移された。[11] これによって、司法制度が一元化される。その結果、「身分法」によって裁定を下す裁判官はかならずしもイスラム法の専門家ではなくなった。長い伝統の上に立つイスラム法学の考え方を充分に理解していない者が、「イスラム法」によって判断を下す可能性が生まれたということである。

それでもなお、他の領域の法は西洋の世俗的な法がモデルであることを考えれば、結婚・離婚、相続、子の監護といった問題に関する法だけは「イスラム法」であるという見方が定着したのは当然かもしれない。誤解のないよう付け加えておくと、エジプトの憲法にはイスラム法が主要な法源と明記されており、それによればエジプトのいかなる法律もイスラム法と矛盾するものではありえない。しかし「身分法」以外の法律は、イスラム法学の論理とは関係のないところから生まれたことが明らかであり、たとえ専門家がイスラム法と矛盾しないと判断したとしても、人々の目にはイスラム固有の法とは映らないだろう。

その結果として誕生するのが、ジェンダー化された社会基盤の存続を約束する「身分法」がエジプト社会のイスラム性を守るという見方である。「身分法」は近代化、西洋化、世俗化の流れと、文化的真正性、民族精神、そしてイスラム性を重んじる流れのせめぎ合いの場となっていく。この傾向は、のちにイスラム復興という現象が顕著になるとさらに強くなる(12)。

法改革の大きな動きのなかで、「身分法」の領域だけがほぼ手つかずで残された理由は、いろいろと考えられる。他の領域と比べても、結婚や相続に関するイスラム法学の議論の精緻さは際立っており、この領域はイスラム法学の専門家による独占度の高い部分であったという指摘もある(13)。また、イギリス支配の時代にも手をつけられなかったのは、人々の生活に直結する部分であるだけに、強い反発を恐れたからだとも言われる。この感覚は、程度の差はあれ、今も残っているように思われる。

ただ視点を変えれば、国家による意図的な戦略、積極的な選択とも言えるのではないか。なぜならば、結婚、離婚、相続といった領域においてのみ宗教的な規範を適用することで、「公的」な領域からは宗教を排除しつつ、「私的」な領域では宗教を重んずるという体裁が整うからである。これによって、近代的な国造りのためには不可避と考えられた世俗主義的な体制を実質的に導入すると同時に、社会のイスラム性をその根底で維持する姿勢を示すことが可能になった。「宗教」の名において国家が社会の世俗化を進めていく図式の完成である。

先に挙げたタラル・アサドは、「身分法」を中心に、植民地時代のエジプトにおける法制度改革の意味について論じるなかで、「家族」が法律の、福祉行政の、公共的な道徳推進の言説の範疇として出現し、国家は自己管理する自国民の利益のために法律を体現し、承認し、運用するものとなった、と指摘する。そして、「このように位置づけられたシャリーアは、『宗教』を私事化し、自己管理の主体のための土台を用意する世俗的定式に他ならない」というのである。(14)

イスラム法とは結婚、離婚、相続といった領域に関わるものであり、「私的」領域こそイスラム法が排他的に支配する領域であるという了解が確立したとすれば、それはイスラムという宗教の特徴である包括性が否定されたということにほかならない。イスラムは政治にも、経済にも正しさを求める宗教であることが隠蔽されていく。

その結果として、国家がイスラム法に従うのではなく、あたかもイスラム法が国家に従うかのような動きが加速するのは当然であろう。一九三一年には、結婚の登録制度が導入される。イスラム教徒の婚姻登録を専門とするマーズーン（maʼdhūn）と呼ばれる公証人のもとで婚姻契約書という文書を作成し[15]、登録された結婚のみが法律上有効な結婚となったのである。ムハンマドの時代に登録などなかった、という反論が聞こえてくるようだ。また、婚姻適齢が男性は一八歳、女性は一六歳となったことについても、アーイシャは幼くしてムハンマドと結婚したことが思い出されよう。幼児婚を容認するか否かという問題は措くとして、一八歳と一六歳という特定の年齢に明確なイスラム法的な根拠がないことは否定のしようがない。

登録制度の導入によって国家が婚姻の有効性を承認する主体になったことの意味は、非常に大きい。それまでは、イスラム法の要件を満たし、親族をはじめとする周囲の人間、そして地域社会に承認されれば結婚は成立した。しかしこの制度の導入により、結婚適齢を含め国の定めた要件を満たし、必要とされる手続きを行なっていなければ、法律上は結婚が成立しないことになった。法律上成立していない「結婚」に関しては、訴訟が起こせない。「夫」が扶養をはじめとする義務を果たさなくても、婚姻契約に違反したとしても、「妻」は裁判に訴えて履行を強制することができないのである。

さらに、このときにはじめて登場した婚姻契約の標準的な書式についても言及しておきたい。氏名、生年月日、年齢、職業など定められた情報を該当する欄に記入する形式であり、自由に契約の内容を記入するためのスペースは用意されていない[16]。法律的に結婚を成立させるためには必要ではないとされたのである。だとすれば、それはもはや当事者のあいだの約束を盛り込んだものという意味での契約書ではなく、事実上、単なる届け出用紙になったと言っても過言ではないだろう。こうして、マーズーン同席のもとで必要な手続きを行ない、新郎新婦は法務省から出された結婚証明書を後日、マーズーンから受け取る、という現在まで続く仕組みができあがる。

この書式の最後に大きな空白が添えられ、そこに契約の内容を書き込む形になったのは二〇〇〇年のことである。現在一般に使われている書式を見ると、契約の内容に先立つ形で証人二名の氏名、婚資の額、さらには両者のあいだに婚姻障害となるものが存在しないことの確認、などが書かれており、イスラム法の規定に従った体裁が採られていることは明らかである。しかしながら、この書式に記入し、必要な書類を添えて登録を行なうことで発生するのは法律上の有効性であり、イスラム法上の適法性ではない。

「身分法」における夫婦像

「身分法」がイスラム法に基づくとすれば、夫と妻の関係が扶養と服従となっていることは当然であろう。「扶養および身分関係法の一部の規定に関する法」(一九二〇年法律第二五号、一九二九年法律第二五号および一九八五年法律第一〇〇号による改正）の第一章第一条には次のような記述がある。

扶養には食事、衣類、住居、医療、その他イスラム法（sharʿ）の定めるものが含まれる。妻が背教したとき、正当な理由もなく自らの意志で（夫に）身を任せることを拒否したとき、あるいは夫に理由があるのではなく妻がそうせざるを得なくなったとき、また夫の許可なく外出したときは、妻の扶養は（夫の）義務ではなくなる。

妻が夫の許可なく夫婦の住居から外に出ても、（聖典に）明記されているもの、慣習として行なわれているもの、必要不可欠なものを含め、イスラム法の判断によって許されている状況でそうしたのであれば、妻の扶養（という夫の義務）が消滅する理由にはならない。（イスラム法的に）合法な仕事のために外に出ることも、消滅の理由にはならない。ただし、妻がこの条件付きの権利を行使することが、権利の乱用につながる場合、あるいは家族の利益に反し、夫がそれをやめるよう求めた場合はその限りではない。

夫が扶養の義務を履行しない場合は、その日から、妻の扶養は夫の債務となる。この債務はそれを履行するか、（妻が）免除しない限り、消滅しない。(17)

夫に服従する義務を果たしている限り、妻には扶養される権利がある。女性に経済力がない場合、イスラムの名によって保障されたこの権利が手放しがたいものとなるのは当然だろう。トルコを中心としたジェンダー研究で知られるカンディヨティは次のように言う。

(こうして)古典的な家父長制が危機的な状況になったならば、多くの女性が男たちにその責任を果たさせるべく使い慣れた力に訴え続けるだろう。極端な圧力のもとに置かれでもしなければ、見当違いなことをし、自分の評判を落とすようなことをして自らの主張の基盤を揺るがしたりはしない。彼女たちの受動的な抵抗は、家父長的な取り決めによって定められた取り分、つまり服従と礼節の代償としての保護の主張という形をとるのである。(18)

外からは性差別、不平等としか見えない論理が、一部の女性たちにとって尊厳ある生を可能にする唯一の拠り所となっている可能性があることを考えると、「身分法」について議論することが現実にはいかに難しいかがわかる。

また、この法律の「補足説明(al-mudhakkirah al-iḍāḥiyah)」には次のように記されていることも見逃せない。コーランが引用されていることにとくに注目してほしい。

イスラムのシャリーア（al-sharīʿah al-islāmiyah）は妻の権利と妻の義務を相関的なものとしており、夫にはその能力に応じて妻を扶養することを義務づけつつ、妻には夫への服従を義務としている。この服従の表れとは、「かの女たちを、あなたがたの暮していする所であなたがたの力に応じて住まわせなさい。かの女らを窮屈にして、困らせてはならない。」（コーラン「離婚」章六節）という、いと高き神のことばに従い、妻が夫の用意した夫婦の住まいから離れずにいることである。これによりイスラム法学者は、妻の基本は服従であり、夫への服従をやめた場合、妻は反抗的（nāshiz）ということになり、そのときから扶養は行なわれなくなるとした。

あとで詳しく論じるが、夫が経済的な責任を一人で負わなければならないことも、妻は外出にあたって夫の許可を得なければならないということも、すでにエジプト社会の実情に合ってはいない。そうでありながら、少しでもこの法律に手を加えることには大きな困難が伴う。それは先述したとおり、西洋化、世俗化の波に飲み込まれることなく、エジプトがイスラムの教えに従う人々の生きる社会であり続けること、つまりエジプト社会のイスラム性を担保する役割を、この法律が担っているからである。[19]
これに関連して注目したいのは、家族という概念をめぐる展開である。[20] とくに重要なのは、「家族は社会の基礎」という言説が拡大したことである。「補足説明」をさらに見ていこう。

家族は社会の基礎である。なぜならば社会は互いに結びついた家族の集まりで構成されており、構成要素たる家族の結束あるいは崩壊の度合いに従い、社会は強くもなれば弱くもなるからである。家族が強くなれば社会は力を増し、家族が分裂しつながりが弱まればこの共同体は崩壊する。聖なるコーランは家族のつながりと家族の成員のあいだの確かな愛と情けの念を重んじ、人々はみな、根源において一つであり、男と女として神によって創造されたものであると明かしている。さらにいと高き神は「人びとよ、われは一人の男と一人の女からあなたがたを創り、種族と部族に分けた。これはあなたがたを、互いに知り合うようにさせるためである。アッラーの御許で最も貴い者は、あなたがたの中最も主を畏れる者である。」（コーラン「部屋」章一三節）と語り、家族の結束の重要性を示された。この聖なる章句は我々に、結婚が家族の源であり、家族は結婚によって成り、その影で育成されるということを教えてくれる。

一九五六年以来、憲法でも「家族は社会の基礎である」と明言されている。[21]「社会の基礎」、社会のありようをその根底で支えるものと意味づけられることで、家族は外からの介入を拒む、厳密な意味での私的な集団であることをやめる。庇護する者と庇護される者という夫と妻の関係が「公的」な性格を帯び、その維持のためであれば国家の介入が正当化されることになったのである。

女性たちの声

「家族は社会の基礎」というときに、家族の意味で使われているのは「ウスラ（usrah）」という語である。「ウスラ」は、大家族を意味する「アーイラ（ʻāʼilah）」と対比される形で、夫婦と子供からなる「核家族」を指すことが多い。

「補足説明」ではあたかもコーランに「家族は社会の基礎」と明確に示されているかのような書きぶりであるが、コーランにはこの「ウスラ」の語は一度も出てこない。「補足説明」で引かれているコーランの一節は、実は家族についてではなく配偶者間の関係について述べたものである。

コーランの日本語訳で「家族」と訳されているのは「アハル（ahl）」という別の語であり、この語が意味するものは、かならずしも家族ではないばかりか、場合によっては血縁ですらない。啓典の民（ahl al-kitāb）の「民」、スンナ派（ahl al-sunnah wal-jamā'ah）の「派」と日本語で訳されているのはこの語である。そのため、コーランに登場する「アハル」の語はすべてが「家族」と訳されているわけではない。コーランには、次のような一節がある。

もしあなたがたが、両人の破局を恐れるならば、男の一族から一人の調停者を、また女の一族からも一人の調停者をあげなさい。両人がもし和解を望むならば、アッラーは両人の間を融和されよう。本当にアッラーは、全知にして何ごとにも通暁しておられる。（四：三五）

ここで「一族」と訳されているのが「アハル」である。イスラムの初期において、配偶者間に問題が起きたときに調停役を担ったのは「アハル」であった。それはつまり、かならずしも親や兄弟ではなく、男にとって、そして女にとって、自分の権利を守ってくれるような近親ということであろう。だとすれば、人々は家族とも、親族とも、一族とも言い換えることができるような、大きなつながりによって守られていたということになる。

しかしながら、現在のエジプトの人々を取り巻く状況は、まったく違っている。二〇一二年、過去五年以内に結婚した女性に対して行なわれた調査では、結婚と同時に独立した世帯を持った者の割合は全体で七七・〇%、都市部では八七・〇%、農村部で七〇・三%であった[22]。かなり高い割合と感じられるが、全体の数値は二〇〇六年の調査と比べて一四・一ポイントも上がっており、こうした上昇傾向が続いているとすれば、現在はこれよりもさらに高い割合になっていると考えられる。「アーイラ」の語から想起されるような親族の強固なつながり、互いに支え合って生きる大家族という理想は今も生きているにせよ、現実の生活のレベルでは核家族化が着実に進行しているのである。

このことを踏まえ、次の点をあらためて問うてみたい。「男は女の擁護者」であり、「自分の財産から(扶養するため)、経費を出す」という、第二章で引いたコーランの一節に基づき、女性は庇護される者だというが、いったい女性を擁護、庇護する男性とは誰のことなのか。近代以前、系譜を軸とした一族と言い換えられるような大きな規模で家族を捉える見方が基本であったことは、一族の男たちが一族の女たちを庇護したこと、女性には夫以外にも複数の庇護者がいたことを意味する。しかし、日々の暮らしをともにし、家計を同じくする単位が核家族となれば、女性にとって結婚後の庇護者は事実上、夫だけになるのだ。

これに関連して誤解のないよう一点付け加えておくと、かつてのエジプトで一般的であった大家族の様子は、古い日本のそれとはかなり異なる。というのは、内婚制に基づく夫方居住が支配的であったエジプトでは、妻にとって舅は子供の頃からよく知った父方のおじであり、舅からすれば、息子の嫁は自分の兄弟の娘であったからである。嫁ぎ先での女性の立場は、かつての日本の嫁のような外部者ではなかった。結婚した女性にとって、庇護者となる男性は夫だけでなく、おじである舅でもあり、その背後には父親の存在があったのである。

核家族が基本となり、夫というたった一人の男性に依存するしかないのであれば、女性にとって、夫に一方的な離婚権と複数の妻を迎える権利があることが途方もない脅威となるのは当然である。妻に何ら過失がなくても、夫が三度「離婚する」と宣言すれば、それだけで離婚は成立する。また、複数の妻がいる男性は、そのすべての妻に対して扶養の義務があり、平等に接することが求められるというが、現実には新しい妻を迎えることで、以前からの妻に対して冷淡になるどころか、最低限の扶養の義務すら果たさなくなるケースが多い。

一九八五年法律第一〇〇号によって、すでに妻のいる男性がさらに妻を迎えようとする場合、マーズーンをとおしてすでにいる妻に新しい妻との結婚がなされようとしていることを告げ、その承諾を得ることが義務づけられた。以前からの妻に知らされず、その同意なく新たな妻が迎えられた場合、それを知ったときから一年以内であれば、妻から離婚を求めることが可能になった。婚姻契約に自らを唯一の妻とすることを入れていない場合でも、複数の妻を持つ男性を夫とすることを拒否することができるようになったのである。

とはいえ、こうした女性の権利は、男性の一方的な離婚権と比べればあまりにも小さいと言わざるを得ない。夫がすでにいる妻に新しい結婚について知らせ、その承諾を得るという手続きを怠ったことが理由なのだとすれば、妻は夫に過失がなければ離婚を要求できないという大前提に変わりはない。

この不均衡を多少なりとも是正したのが、二〇〇〇年法律第一号である。後払い分の婚資を受け取る権利や、離婚後一定期間、夫に扶養される権利などを放棄する代わりに、夫には過失がなくとも、そして夫の同意がなくとも、妻の側から一方的に離婚を要求できることになった。こうした離婚のことを一般に「フルウ(khul')離婚」と呼ぶが[23]、注意を払いたいのはこれを認める根拠となったのがコーランの次の章だという点である。後半に、女性が金銭的な代償を払う代わりに、婚姻関係を解消することが許されていると読むことのできる部分がある。

離婚（の申し渡し）は、二度まで許される。その後は公平な待遇で同居（復縁）させるか、あるいは親切にして別れなさい。あなたがたはかの女に与えた、何ものも取り戻すことは出来ない。もっとも両人が、アッラーの定められた掟を守り得ないことを恐れる場合は別である。もしあなたがた両人が、アッラーの定められた掟を守り得ないことを恐れるならば、かの女がその（自由を得る）ために償い金を与えても、両人とも罪にはならない。これはアッラーの掟である。それ故これに背いてはならない。凡そアッラーの掟を犯す者こそ不義の徒である。（二：二二九）

女性の権利拡大の動きが成功した背景に、コーランがあることには充分に注意を払いたい。なぜなら、二〇世紀初頭以来、女性の権利を拡大しようとする運動を攻撃する際に常に持ち出されたのが、西洋の猿真似、西洋の文化的侵略という批判だったからである[24]。コーランをどう解釈するか、どのような解釈が支配的になるかは、女性たちの生き方に計り知れない影響を及ぼす。

『預言者の妻たち』の筆者であるアーイシャ・アブドゥッラフマーンを先駆けとして、二〇世紀の半ばからイスラムの言説空間に女性たちが参入し始めたことはすでに指摘したとおりである。今日のエジプトでは、説教師としてメディアに登場し、その影響力が注目される女性たちも増えている。しかしながら、コーラン解釈やイスラム法学といった分野が男性に独占されてきた歴史はあまりにも長い。コーランの章句にはさまざまな解釈の可能性があるにもかかわらず、男性の視点からなされた解釈だけが重んじられると批判されるのはそのためであろう。

イスラムが女性差別の宗教であることを示す証拠として真っ先に挙げられるのは、コーラン第四章三四節である。まず、日本ムスリム協会の訳から見ていくことにしよう。

あなたがたが、不忠実、不行跡の心配のある女たちには諭し、それでもだめならこれを臥所に置き去りにし、それでも効きめがなければこれを打て。それで言うことを聞くようならばかの女に（それ以上の）ことをしてはならない。本当にアッラーは極めて高く偉大であられる。

重要なのは、「これを打て」と訳されている部分である。つまり夫が妻に口で言っても聞かないのであれば、同衾をやめ、それでもだめであれば暴力に訴えるよう命じているという解釈である。他の日本語訳を見ても、基本的に同じ訳になっており[25]、古典的な解釈を採用したものと考えられる。

しかしながら、古典的な、権威ある解釈であるからといって、異論がないわけではない。こうした解釈に対してイスラムの内側から再検討を促しているのは、アミーナ・ワドゥードゥ（あるいはワダッドゥ）やアスマ・バルラスといったアメリカで活動する女性たちである。[26] 彼女たちは研究者として、さらにイスラム教徒として、この一節には他の解釈の可能性があることを訴える。

二〇〇七年にコーランの英訳を出したラレ・バフティヤルという女性も、この問題意識を共有している。彼女はこうした立場からイスラムの教えに再解釈を施そうとイスラムに関する多くの著作を発表し、その発言が注目を集めている人物である。[27] 父親はイラン出身でありながら、イスラムとは無縁の家庭環境で育った彼女は、精神的な遍歴を経て自らの意志でイスラム教徒になった。しかし、イスラムについて学ぼうと複数のコーラン英訳を手に取ったものの、どれも混乱させるばかりで、そのことが新しい英訳への挑戦に彼女を向かわせたという。

自身の英訳の序文のなかで、バフティヤルは当該の一節に言及しているが、それはまさにこの一節が彼女をもっとも当惑させたからに違いない。彼女はこれまで「打て（strike）」と訳されてきたアラビア語の単語が、実は非常に広い意味領域を持つと指摘する。ワドゥードゥも同様の見解を示しているが[28]、実際、先の日本語訳で「これを打て」と訳されているアラビア語の命令形、「idribūhunna」のもとになっている「ḍaraba」という動詞はアラビア語の初学者を途方に暮れさせる語の一つである。どの辞典を見ても、戸惑うほど多様な意味が載っている。「打つ、叩く」はもちろん、「例を挙げる」の「挙げる」のほかに、「旅立つ、去る」「分かつ」「やめる」といった意味もある。また、同じ語根を別の派生形「aḍraba」にすると、明確に「離れる、見捨てる、捨てる」の意味になる。

ラレ・バフティヤルは、この命令形を「彼女たちから離れなさい（go away from them）」と訳す[29]。この訳し方が適切か否か、さらには受容されうるのか否かについて判断する能力は筆者にはない。とはいえ、このような解釈によってはじめて納得できたと感じる人々が少なからずいることを看過すべきではないだろう。

こうした動きは一般に、イスラミック・フェミニズムと呼ばれることが多い[30]。ホダー・シャアラーウィーの時代の動きや言説と比べて際立つのは、教育を受ける権利、政治に参加する権利といった公共圏における権利だけでなく、聖域とされてきた家族という私的領域においても、男性と女性の平等を訴えるという点である。

先に名前を挙げた三人は、出自や経歴は異なるもののすべてアメリカで活動する女性たちであるが、この動きはアメリカ特有のものということではない。エジプトでこの立場を代表する人物の一人に、カイロ大学教授のウマイマ・アブーバクルという女性がいる。二〇一三年に出された『フェミニズムとイスラム的視点――知識と改革のための新しい地平』の前書きで、彼女は次のように記している。

イスラムの最高の価値と原則へ移し替えることによって女性の権利を要求する思想、つまり、フェミニズム的な意識とイスラムの視点との融合という思想には、多くの先駆者たちがいる。それは、一九世紀の終わりからアラブ圏でフェミニズムの領域において活躍した人々だ。（中略）この二〇年間、イスラム世界において、この思想は女性のイスラム教徒と男性のイスラム教徒が平等に持つ人間の尊厳を考慮したうえでの、現実社会での両性間の公平、機会の均等、そしてパートナーシップへと発展を見せた。一神教たるイスラムの崇高な使命と、その価値観を具現したとされるもののあいだにはかつて乖離があったが、この乖離という難問を、フェミニズムの意識を用いることで解決した結果、それが可能になったのである。(31)

あらためて確認しておくと、一九六一年にアズハル学院が近代的な大学に改編された際に女子部が創設されることで、女性もイスラム諸学を学ぶことのできる体制ができたが、それ以前にはこの分野に女性の居場所はなかった。また現在に至るまで、歴代のアズハル機構の総長をはじめとしてイスラム諸学の世界で頂点に立ったのは、すべて男性である。

また、エジプトに初の女性マーズーンが誕生したのは二〇〇八年のことである。それまで、婚姻契約という手続きが適切に行なわれているか否かを確認する役割も、婚姻関係を法律上有効にする手続きも男性に独占されていたのである。

司法に話を移すと、エジプトでタハーニー・ゲバーリーという初の女性裁判官が登場したのは二〇〇三年のことであった。二〇〇七年には三一名、二〇一五年には二六名の女性裁判官が任命され大々的に報じられた[32]。さらに現行憲法では、女性、母親、子供の地位について定めた第一一条で、司法の領域においても差別されることなく女性が任命される権利を保障している。しかし現実はそれとは程遠く、二〇一六年の時点で司法従事者のうち女性が占める割合は六%に過ぎないという[33]。同じ二〇一六年の日本における女性裁判官の割合は二〇・七%であり[34]、それほど極端な数字ではないという見方もできるが、裁判では男性の視線で物事が進むと批判されても仕方のない状況があることに変わりはない[35]。

イスラム教徒以外の結婚

この章を締めくくるまえに、イスラム教徒以外の結婚についても簡単に紹介しておきたい。イスラムの歴史を振り返っておくと、ムハンマドがイスラム共同体を創り上げたメディナにはユダヤ教徒も暮らしていた。ムハンマドがそれを許したのである。その後のウマイヤ朝、アッバース朝、そしてオスマン朝においても、ユダヤ教徒、キリスト教徒といった異教徒が包摂されていた。主権を握るのはイスラム教徒であり、公的な問題に関してはイスラムの教えに基づいた判断がなされるにしても、こうした異教徒には一定の自治が認められていたのである。結婚にあたっては、それぞれ異なるルールに従っていた。

現在のエジプトではイスラムが公的な位置にあるが、それはすべての国民がイスラム教徒であることを強制するものではもちろんない。憲法で信教の自由は保障されている。ただし、「天啓宗教の信徒」はその宗教儀礼の実施や施設の建設の権利が認められているという書き方がされており、事実上、イスラム教徒のほかにはユダヤ教徒とキリスト教徒しか想定されていないことは明らかである。

現行憲法の第三条では、次のように個人の身分に関する案件の扱いは宗教によって異なると明言されている。

エジプト人のキリスト教徒およびユダヤ教徒の法の諸原則は、彼らの個人の身分、宗教的な事項、精神的な指導者の選出を規定する法の主要な法源である。

婚姻関係をはじめとする家族に関する事柄については、キリスト教徒はキリスト教の規範に、ユダヤ教徒はユダヤ教の規範に従い、さらにはそれぞれ宗派ごとに異なるルールに従うことが認められている[36]。キリスト教の各宗派には、それぞれの「身分法」がある。キリスト教徒の場合、当然のことながらマーズーンは関与せず、代わりに教会の承認が必要とされる。具体的に言えば、教会が推薦し、司法相が任命した公証人によって手続きが進められるのである。このようにイスラム教徒以外の国民も視野に入れると、エジプトにおける結婚の手続きは驚くほどに細分化されていることに気づかされる。

もちろん日本でも、これから結婚しようとする男女のどちらかが日本国籍でない場合、外国籍の者がパスポートに加え、「婚姻要件具備証明書」というものを提出し、独身であること、本人の国の法律で結婚することに問題がないことを証明するという要件が発生する。日本人同士の結婚とは異なる手続きが求められるのである。しかしながら、エジプトの複雑さはこれとは比べものにならず、エジプト人は結婚する際にどのような手続きが必要か、という問いには一言では答えられない。相手の国籍の違い、宗教の違い、そして男女の差も絡み合って、同じエジプト人であっても結婚にあたって取るべき手続きは個々のケースで違ってくる。

外国籍の者との結婚が多いと思われるアメリカのエジプト大使館のウェブサイトを見ると、領事部の「国外でのエジプト人の結婚」の箇所には次のように書かれている。

領事部で婚姻契約の締結およびその認証ができるのは、夫婦ともにエジプト人のイスラム教徒である場合、片方がエジプト人であり両方がイスラム教徒である場合、あるいはエジプト人のイスラム教徒である男性とエジプト人か外国人かを問わず啓典の民である女性とが結婚する場合である。キリスト教徒のエジプト人の場合、結婚を成立させるには、教会で専門家（司祭）が結婚のための儀式と礼拝を行なわなければならない。そのため領事部では、国外にいるキリスト教徒のエジプト人の結婚には対応しない。ただし、教会あるいは地域の関係当局から出された結婚に関する書類についての公証は行なう。[37]

このエジプト大使館の文章には、ユダヤ教徒についての言及はない。認証できるケースとして、「エジプト人のイスラム教徒である男性とエジプト人か外国人かを問わず啓典の民である女性とが結婚する場合」が挙がっていながら、具体的な手続きにまで言及されているのはキリスト教徒のみである。

その理由は容易に想像できる。二〇世紀前半のエジプトには土着のユダヤ教徒だけでなく、近代化政策の進められていたエジプトに成功の機会を求めてヨーロッパなど国外から渡ってきたユダヤ教徒が数多くいた。しかし一九四八年のイスラエル建国によって彼らを取り巻く状況は急激に変わり始める。長いエジプトの歴史のなかではじめて、ユダヤ教徒が敵、あるいは敵国に通じる者という扱いを受けることになったのである。

手元に『イスラム文明事典七　イスラム思想における社会生活——家族そして社会の枠組みでの社会的研究』という研究書がある。カイロ大学教育学部の教授でイスラム史を講じていたアフマド・シャラビーによるものである。イスラムにおける結婚について説明し、「庇護民」の女性との結婚がイスラム教徒の男性には認められていると説明したあとで、「現在はユダヤ教徒の女性との結婚はない」という小見出しに続き、次のような記述がある。なお、「庇護民」とはイスラム教徒の支配下に生きる異教徒であり、エジプトの場合、現実的にはキリスト教徒とユダヤ教徒を指すと考えてよい。

それ（庇護民の女性との結婚をよしとすること――引用者註）はイスラムの方針の根幹にある。しかしこの方針を実践に移す際には考慮しなければならないことが非常に多い。簡潔に言うならば、庇護民であるユダヤ教徒の女性にこれを適用することは今はやめるべきだという法判断（ḥukm）もありうるのである。近年、ユダヤ教徒の女性がイスラムに属する自分の家族（usratihā al-islāmiyah）に忠実であることは保証できない。家族内での自分の地位を自らの宗教の徒のために利用することが大いに考えられる。さらにユダヤ教徒の女性は、子供の教育においてまったく信頼できない。イスラムの教育というものを施さないだろう。多くの文筆家は、啓典の民の女性について語るとき、イスラムの視点からすれば啓典の民に入るにもかかわらずユダヤ教徒の女性を取り上げていない。そのためこの節を閉じるにあたって、それに触れることとした。(38)

この本の初版が出された一九六八年は、エジプトあるいはアラブの近代史上、消しがたい汚点となっている第三次中東戦争での惨敗の翌年である。ユダヤ教徒／ユダヤ人の国としてのイスラエル建国、そしてナセルというカリスマ的指導者の下でけっして負けることが許されなかったイスラエルとの戦争での大敗という衝撃が、ユダヤ教徒に対する見方を決定的に変えていった。「今は」「近年」ということばが使われている背景にはそうした当時の状況がある。イスラムの教えが許しているはずの結婚が、政治的な状況によって許容できない結婚に変わる。国の動き、政治的な状況が、イスラム教徒のすべき結婚の姿を変えていくのである。

第四章　婚姻儀礼と社会的承認

一九世紀から二〇世紀前半のエジプト

前章で見たとおり、現在のエジプトでは結婚を登録していない場合、「夫」が「婚姻関係」について認めず、扶養の義務を果たさない場合でも、「妻」は裁判に訴えることはできない。意地悪い見方をすれば、国家の指示に従わなければ、その保護も支援も受けることはできないという仕組みである。では、イスラム法の要件を満たして契約書を作成し、登録さえすればよいのか。それとも、結婚式と呼ぶべき儀式もあるのだろうか。あるとすれば、それはどれほどの重さを持っているのだろうか。本章ではこうした点について見ていきたい。

少し歴史をさかのぼり、一九世紀から始めることにしよう。一八二五年から二年余りエジプトに滞在し、その風俗を克明に記録したイギリス人のエドワード・レイン（一八〇一〜七六）は、『近代のエジプト人の作法と慣習』で当時の結婚の様子についても記録している。[1] レインが見たのは、カイロという都市に暮らす比較的裕福な階層の例である。

レインによれば、嫁探し、婿探しは家族の一大事であった。未婚の男女が出会う機会などほとんどなかったことを考えれば、当然かもしれない。まず結婚適齢期を迎えた若者の母あるいはおばなど親族の女性が、花嫁候補の情報を収集する。それで足りなければ、「ハーティバ（khāṭibah）」と呼ばれる職業的仲介人の女性を雇うこともある。ハーティバの多くは装飾品や衣類を扱う行商人も兼ねており、多くの家に出入りする機会があったため、どの家にどのような娘がいるかをよく知っていた。こうして集めた情報を、息子や甥の結婚相手を探す女性に提供する。そして当の若者が気に入った場合、その花嫁候補の女性に申し込みをすることになるのだった。

その後の交渉については、通常、女性の側は父親か親族の男性が後見人となって行なう。成年に達していれば後見人を立てる必要はないが、自分で交渉することは稀だった。婚資の額など具体的な条件について交渉がまとまれば、コーランの最初の章、「開扉の章」を一同で朗誦し、そのあとで婚資の支払いと婚姻契約を結ぶ日時が取り決められる。

当日は二人の証人に加えて、通常はイスラム法学者が同席したという。[2] ここでも「開扉の章」が一同で朗誦され、そのあと約束の先払い分の婚資が支払われる。新婦の後見人と新郎は向き合って床に座り、片膝をつき、それぞれ相手の右手を握り、親指を立て相互に押し合う。イスラム法学者が二人の手の上にハンカチを置き、コーランとハディースから引いた結婚に関する訓戒や祈祷の文句などを唱える。続いて、二人に定型の文句を教え、唱えさせる。こうしたやりとりが行なわれたあと、二人揃って「使徒たちの上に祝福あれ。宇宙の万物の主、神をほめたたえん」と唱え、さらに再度「開扉の章」を列席者一同で朗誦することで契約締結となる。その後、一同にシャーベット水がふるまわれ晩餐が始まった。

イスラム法学者の同席は婚姻契約の要件ではないが、レインが見たように、婚姻契約に限らず、重要な契約についてはその有効性を確保するために締結の席には専門家が呼ばれることが多かった。

婚姻契約が結ばれると、「床入りの夜（lailat al-dakhlah/al-dukhah）」の日程、つまり夫婦としての生活を始めるべく、花嫁が新郎の家へ移る日が決められた。[3] それまでのあいだに花婿花嫁ともに、さまざまな準備をしなければならない。

花嫁にとってもっとも重要なのは、嫁入り道具を整えることであった。さらに「床入りの夜」に備えて花嫁は浴場へ行くが、その際、歌姫や楽団が雇われることが珍しくなかった。嫁入りの準備に浴場へ行く、さらには楽団が同行するというのは不思議に聞こえるかもしれないが、かつてのエジプト周辺の地域では、公衆浴場は古代ローマのそれと似ており、単に身体を洗う場所ではなく、娯楽、社交の場でもあった(4)。

花嫁にとってさらに重要なのは「床入りの夜」の前夜の「ヘンナの夜(lailat al-ḥinnah)」と呼ばれるものである。この夜、親族、友人、隣人の女性たちが集まり、ヘンナと呼ばれる植物の染料で花嫁の手足に飾り模様を染めつけ、「床入りの夜」に備えた。

花婿の側も、もちろん華やいだ時を過ごす。「床入りの夜」の前には、数日にわたって夜毎に宴会が開かれ、祝いの品を携えた客人たちが次々とやってくる。客たちは楽人、歌手、舞姫によって、あるいはコーランの朗誦によってもてなされる。ときには道化師による出し物も披露されるという賑やかさだったようだ。

そして「床入りの夜」当日になると、花嫁の家から「花嫁行列(zaffat al-ʻarūs)」が出立した。行列の先頭と最後尾には楽団か、枠太鼓の奏者が二、三人付く。花嫁は赤いカシミアのショールで頭から足までを覆い、頭には王冠、あるいは小さな厚紙製のキャップを着けることが多かった。ただ、花嫁は天蓋によって隠され、その姿を通行人に見せることはない。花婿の家に到着すると、一同でコーランを朗誦し、ムハンマドを称える頌詩《しょうし》が唱えられることもある。花嫁は親族など身近な女性と女たち専用の部屋に入って、花婿がやってくるのを待つ。花婿が部屋に入り、花嫁に贈り物を渡した時点で、花嫁に付き添っていた女性は退去する。

これがレインの記した、一九世紀前半のエジプトにおける結婚の様子である。女性親族が結婚相手を探す役割を担う点、花嫁の側で「ヘンナの夜」が祝われる点、そして盛大な行列が行なわれるところなど、現在と似た部分が多く、二世紀近く前の話とは思えないほどである。

続いて、アフマド・アミーン（一八八六〜一九五四）の『エジプトの慣習、伝統、表現事典』を見てみよう。アミーンは、アズハル学院でイスラムを専門的に学んだ、当時のエジプト社会を代表する知識人である。この本の刊行は一九五三年なので、レインよりも一三〇年近くあとということになる。アミーンはレインの本を読んでおり、現地の人間として、外部者の視点から書かれたものに対抗、あるいは修正を求める気持ちもあったのだろう[5]。たとえば、「結婚と離婚（al-zawāj wal-ṭalāq）」という項目は次のように多妻制についての記述をもって始まる。少し長くなるが、アミーンの語り口を伝えるために、そのまま引用することにしたい。

結婚はすべての民族に広まる慣習だ。イスラム教徒については多妻制が有名である。しかし実際には、エジプトの上層や中間層では多妻制は稀だと言われている。つまり下層でしか広まっていないのである。エジプト人の慣習では、結婚前に夫が妻を見ることは正しくなく、仲介人あるいは母親や姉妹を送り（花嫁候補の女性を）見てこさせる。そうした女性たちがよしとしたら、夫（となる男性）はシャブカ、つまり契約を結ぶ前の贈り物をする。その後、婚姻契約を結んではじめて妻を見ることが許されるのである。

結婚が成立する前に行なういくつかの慣習がある。そのなかには「ヘンナの夜」と「床入りの夜」があるが、これらについてはその箇所で述べる。

結婚は裕福な階層と貧しい階層では非常に異なる。裕福な階層では、費用は膨大になる。金惜しみされることはないのだ。宴会においても、会場の華やかさにおいても同じである。「床入りの夜」の祝いはその一夜ではなく、三夜も続くことがある。花婿は婚宴の前に、歌や楽器の演奏に長けた親しい友人を自宅に集める。この夜のことを抱擁の夜々（layālī al-dammah）という。

婚宴の夜（lailat al-zafāf）になると、花婿は母親とともに飾り立てた馬車を送り、花嫁を実家から連れてくる。馬車は花嫁専用で、カシミアのショール、バラの花などで飾られ、二頭あるいは四頭の馬がそれを引き、若者組（al-futūwāt）の二人の男が護衛の役をする。この役はダウィーヤと呼ばれる専門家が行なうこともある。（護衛役の）二人はカシミアのショールを着け、そのあとに花婿の母親が先導する形で花嫁を家に連れてくる。そのうしろに花嫁の母親が続く。

この行列は楽隊に先導されて街を練り歩き、花婿の家のところで止まる。花婿が進み出て、花嫁を迎える。花嫁は嫌がり、拒み、何度も促されるまで降りない。入り口で犠牲の家畜が屠《ほふ》られる。花婿は花嫁とともに家に入り、他の人から見えないようカシミアのショールで隔てられ、二人のために用意された場所へ行く。

二人を舞姫（ʿawālim）が迎え、先導してコーシャ（kūshah）へ誘う。コーシャとは新郎新婦のために特別に用意された飾り立てられた玉座（のような椅子）である。その際、硬貨が撒かれる。それは五キルシュの小さな金貨か一キルシュの銀貨で、出席者たちの視線を花嫁と花婿から遠ざけることで邪視を避けようと、花婿と家族が撒くのである。

花婿は夕食をとったあと、花を抱えた友人たちに囲まれ、ランプを手にした者が先導する行列（zaffah）を作ってモスクへ礼拝に向かう。この行列は「花婿の行列（zaffat al-ʿarīs）」と呼ばれ、その先頭を行くのも楽師たちである。行列を終えて帰ってきたあと、花婿は花嫁のところへ行き、その顔の覆いをとってはじめて花嫁を見る。花婿が花嫁の隣に腰を下ろし、二人にシャーベット水が出されたあと、二人は人々の前から姿を消す(6)。

レインとは一世紀以上の時代の差がありながら、「床入り」までに行なわれる儀礼に決定的な差異はない。しかし、レインとアミーンのあいだには一つの違いがある。何を記録するかという判断において、二人は異なるのである。レインが契約の取り交わしの部分についてもかなり詳しく記しているのに対して、アミーンは何も言及していない。いったい、この違いはどこから来るのか。タイトルからわかるとおり、両者とも記録に残そうとしたのは、イスラム教徒の慣習ではなくエジプト人の慣習である。これがヒントになる。

イギリス人のレインは、イスラムについての知識がない読者を想定して英語で書いている以上、読者にとって珍しいもの、興味を引くものについてはすべて記録する必要があったのだろう。それに対して、イスラムについて専門的に学んだアミーンがアラビア語で書いた著作で契約の部分にいっさい触れていないのは、契約を結ぶ際に行なわれる一連の手続きはエジプト人に固有のものではないという判断によるのではないだろうか。その部分は地域を問わずイスラム教徒に共通であり、『エジプトの慣習、伝統、表現事典』に入れるべきものではないと考えたのだ。言い換えると、アミーンが記録したものは、エジプト人に固有の実践ということである。この点については次の章で再び取り上げることにしたい。

現代の嫁探し、婿探し

さらに時計の針を進め、現代に話を移そう。「結婚したい」のガーダを思い出すと、まず訊きたくなるのはどうやって相手をみつけるかだろう。レインやアフマド・アミーンの時代、結婚相手を探してくるのは周りの女たちであり、それがうまくいかなければ職業的な女性仲介人が登場したというが、今のエジプトではどうなのだろう。時代は変わっても、依然として家族だのみなのか。それとも、女性も教育を受け、職に就くことが当然となっている現在では、自分で結婚相手を探すのだろうか。

結論から言うと、それほど劇的には変わっていない。もちろん、結婚するまで相手と会わず、顔すらも見たことがない、ということは今のエジプトではありえない。都市部に暮らす一定以上の教育を受けた階層について言えば、大学や職場で二人が出会い、結婚することはごく一般的で、「恋愛結婚（gawāz al-ḥubb）」と呼ばれる。映画「盗まれた口づけ」

のイハーブが大学で知り合った女性と結婚しようとするという設定は、自然なものなのである。しかし、親をはじめとする家族の了承が決定的な意味を持つ点に変わりはない。

自分で相手をみつけられない場合には、今もやはり母親をはじめとする親族の女たちの出番である。息子の嫁探しであれ、娘の婿探しであれ、それは母親の重要な任務なのだ。母親たちはあらゆる人脈を使って可能な限りの情報を集め、双方が合意すれば、念入りに掃除された女性の自宅に一張羅に身を包んだ花婿候補がやってくる。サロン（ṣālūn）、つまりリビングルームはまさに「お見合い」の場になる。家族がかならず同席するとはいえ、花嫁候補と花婿候補が直接会うという点が現代的と言えようか。こうした出会いによる結婚のことを、エジプトでは「サロン結婚（gawāz al-ṣālūn）」という。

リビングルームでの「お見合い」では、花嫁候補はあまり口を開かない。若い娘は恥じらうものであり、やつぎばやに質問することなどあってはならないという暗黙の了解がある。それを補うかのように、母親、おばがおせっかいと言いたくなるほど口出しする様子は、「結婚したい」にも繰り返し登場する。婉曲な表現を使いながらも、母親は花婿候補の経済力、家庭環境などについて根掘り葉掘り聞き出そうとする。

しかしながら、人々の置かれた環境が大きく変化するなかで、こうした婿探し、嫁探しに限界が生じることは避けられないようだ。早くも一九五〇年代には雑誌に結婚相手募集の広告が出されており、その多くは仕事で長く国外に暮らすエジプト人の男性がエジプト人女性との結婚を望むなど、家族のつてを当てにすることができないケースだと報告されている。(7)

近年、人の移動の規模が格段に大きくなり、生活スタイルの多様化も進むなかでこうした傾向が加速するのは当然だろう。新聞、雑誌という従来の媒体に加え、最近とみに注目を集めているのはインターネットである。インターネット上には、結婚相手を探すためのウェブサイトがあふれている。実際にどれほどの効果があるのかは定かではないし、それ以前に、こうした形で結婚相手を探すこと自体、まだ社会的に広く認められているとは言いがたい。(8)とはいえ、昔ながらの人脈だのみではうまくいかず、新たな手段を求める人が増えているのは、日本における多様な「婚活」の広がりと同じなのかもしれない。

これに関連して紹介しておきたいのは、現代版のハーティバの活躍である。レインやアミーンの時代にハーティバと呼ばれる職業的仲介人の女性を雇うことがあると言ったが、この役割の女性は現在も形を変えて存在する。今、話題を集めているハーティバにソヘイル・マンスールという女性がいる。テレビ番組にも何度も登場し、彼女の活躍は新聞でも繰り返し取り上げられている。マダム・スウスウという愛称で知られる彼女は、年齢はおそらく四〇代後半で、品の良さを感じさせる外見、ゆったりとした物腰は、間違いなく信頼のおける女性という印象を与える。

彼女は以前ある会社で役職に就いていたが、その頃からすでに何組もの縁結び役となって評判を呼んだため、自分のこの「才能」を仕事にしようと決めたのだという。依頼者との連絡にフェイスブックやワッツアップといったソーシャル・メディアを使うという点で、たしかに彼女は現代的である。しかし、彼女は連絡手段としてはこうした新しいメディアを利用しながら、そのあとでかならず直接、依頼者本人と会ったうえで話を進めるという。当人と会い、その人となりを見きわめてから適切と思われる相手を紹介し、「お見合い」の場を設定する。結局のところ、信頼できる人物が直接面識のある人物を紹介する、という伝統的なやり方が支持されていると考えられる。

現代の婚姻儀礼

イスラム法の見地からすれば、婚姻関係は二人の証人の立会いのもとで契約を結ぶことで成立するはずである。それはエジプト人に固有のものではなく、場所を問わずイスラム教徒に共通しており、アフマド・アミーンはこれについては何も記してはいない。エジプトの慣習としてとくに記録するに値するものを、彼はそこに見出さなかったのである。

しかしながら、昨今は婚姻契約を結ぶ場にもかなりの変化が見られる。かつては自宅で行なわれた実務的な手続きが、今では会場を借り、多くの招待客を招いて、「契約式」と呼べるほど盛大に行なわれることが多くなっているのである。

二〇一七年に関係者の許可を得て、筆者が同席することのできた二つの例は似通っており、どちらも、モスクの建物の中にある、礼拝堂とは別の大きなホールが会場であった。これらのホールは、想定されている機能も、大きさや設備も、日本の大規模なホテルのイベント会場とさほど変わりない。

会場の一方の壁に背を向けるような形で、数名が着席できる長いテーブルと椅子が用意され、これが「舞台」となる。ここに花婿本人、花嫁の後見人、二人の証人、そしてマーズーンが着席する。この「舞台」に向き合うようにずらりと並んでいるのが、列席者用の椅子である。「舞台」で行なわれるのは、書式への署名といった事務的な作業のほか、次のような一連の儀式である。

レインが記録していたのと同じように、花嫁の後見人と花婿が向き合って、片膝をつき、相手の右手を握っているところに、白いハンカチが掛けられる。続いて、マーズーンのあとを追うように、二人は定型の文句を唱える。花嫁は、「舞台」となる長いテーブルの一番端に座ることもあれば、横に設置され特別に装飾を施された花嫁用の席に座ることもある。先に「床入りの夜」に花嫁と花婿が座る「コーシャ」という特別な椅子を紹介したが、それと同じものがここにも据えられているのである。列席者は「舞台」の男たちだけでなく、着飾った花嫁の姿をも眺める。花嫁は、一連の手続きが進められる様子を横から見守り、最後に書式に署名する。契約が完了すると、列席者には飲み物や菓子の類が出される。一部始終をビデオカメラが記録している。

カイロ市内の二つの会場で、[9] この「契約式」の料金表を手に入れたところ、会場使用料、婚資の三％相当というマーズーンの手数料、列席者に出す飲み物の代金、静止画か動画かによって異なる撮影料、演出費用、花婿と花嫁の後見人の手の上に載せるハンカチの料金などが細かく書き込まれていた。元来は証人とマーズーンの同席のもとで契約を結ぶ場に過ぎなかったものが、費用のかかる儀式に変わったのだとすれば、冒頭で紹介した、高額な費用が若者の結婚を困難にしているという説明には説得力があると言わざるを得ない。

これとは別に、一般に英語で「wedding」、日本語で「結婚式」と訳されるのは、「床入りの夜」の祝宴である。婚姻契約締結の祝いと区別するために、ここでは便宜的にこれを婚宴と呼ぶことにしたい。エジプトでは、「ファラフ（faraḥ）」あるいは「ザファーフ（zafāf）」という。前者の本来の意味は「喜ぶこと」あるいは「祝うこと」であるのに対して、後者は「ザッファ（zaffah）」と同じ語根からなり、その意味は「行列」である。やは

会場の下見に来ていた婚約中のカップル

モスク付設の会場。白いコーシャがある

り、花嫁が生まれ育った家から花婿のもとに移動する行列が婚姻儀礼の要であり、その行列が到着した場で賑やかな祝いの宴が行なわれるのである。

婚宴は、かつては自宅で、あるいは近所に大きなテントを建てて行なうのが一般的であったが、現在は、都市部ではホテルやクラブで会場を借りることが多い。ちなみにエジプトのクラブとは、イギリスの社交クラブに由来するもので会員制の施設である。食事もできれば、スポーツ施設が整っているところも多く、さまざまな文化イベントが行なわれることもある。著名な経済学者であり、二〇世紀のエジプトを代表する著述家でもあるガラール（あるいはジャラール）・アミーンによると、一九七〇年代に経済的に余裕のある階層がホテルで婚宴を開き始め、これに伴って、子供が排除され、大音量の音楽やプロのカメラマンによる写真撮影などが標準となり、婚宴が大きく性格を変えたという(10)。

一般に「結婚式」と訳されると言ったが、「ファラフ」あるいは「ザファーフ」は、日本の結婚式から連想されるものとは程遠い。「契約式」とは異なり、そこにはイスラム法の専門家がいる必要もなければ、コーランの朗誦が不可欠というわけでもなく、あらたまった雰囲気ではない。それどころか、言葉は悪いがお祭り騒ぎと言いたくなるほどで、喜びを体全体で表す人々の渦、という印象がある。

余興としてベリーダンサーを呼ぶのは昔から一般的であったが、今ではＤＪや歌手、バンドを雇うことが多い[11]。大音響のなかで人々は踊り続ける。真夜中まで、時には明け方まで続く祝宴の終わり頃、新郎新婦は会場から退き、まさに「床入りの夜」を迎えるのである。しかし、ここでふと疑問が浮かぶに違いない。会場が花婿の家ではなく、ホテルやクラブになると、花嫁行列はいったいどこからどこへ向かうのか。そもそも、人々の生活圏が拡大し、花嫁の家と嫁ぎ先が歩いていける距離ではないとすれば、たとえ花婿の自宅で婚宴を開くとしてもかつてのような行列は不可能ではないか。

一九七八年、筆者がはじめてエジプトへ行ったとき、カイロの下町ではまだ伝統的な花嫁行列が見られた。夕刻に友人宅を訪ねていると、突如として外から太鼓やタンバリンの音、そしてザグラダと呼ばれる女たちの歓声が聞こえてきた。驚いて窓を開けると、純白のウェディングドレスに身を包んだ花嫁が、文字どおり鳴り物入りの行列の中心にいるのが見えたのである。

こうした行列が当時のエジプトにおいてごく一般的であったことは、ファリード・アトラシュ（一九一九〜七四）という有名な歌手の「タンバリンを打ち鳴らせ」という婚礼の祝い歌の歌詞を見てもわかる。

さあ、一族のみな、タンバリンを打ち鳴らせ。さあさあ。

神がわれらを一つにまとめ、成功に導いてくださるように。
こう言われるのは本当だ。妬みの目を向ける者にはとげが刺さると。
月のように美しい花婿と選びぬかれた花嫁。
われらがこの夜、敵どもは悔し涙に暮れている。
花婿のすばらしさ、美しさは本物だ。
ろうそくに火を灯せ。この夜を祝え。
友人たちの行く末を。
この幸いの甘美さは、たっぷりの砂糖のようだ。
ともに唱えよ。神の意図のままに、二人が添い遂げますようにと。

時代が変わり、会場がホテルやクラブになってもなお行列は、形を変え、花嫁と花婿の新しい関係を周囲に告げ知らせる場として象徴的な意味を持ち続けている。というのは、ホテルやクラブで行なわれる婚宴も、賑やかな、ある種の行列から始まるからである。

二〇一七年、カイロ市内のある高級ホテルで行なわれた婚宴の始まりは次のようであった。出席者が今か今かと待つなか、リボンや花で飾り立てられた車が到着した。乗っているのはもちろん新郎新婦である。そしてそのホテルの駐車場から会場までのわずか一〇〇メートルほどの距離を、進んでは止まり、止まっては進むというふうに長い時間をかけて行列が進んだのである。正確に測ったわけではないが、小一時間は続いたと思う。

そばにいると話をすることができないほどの大音量の演奏に合わせ、ベリーダンサーや剣舞の踊り手たちが芸を披露する。このときに欠かせないのはタブルと呼ばれる太鼓の一種と、ミズマールと呼ばれるチャルメラに似た伝統的な楽器である。祝い歌も大合唱で歌われ、女たちは絶え間なく、ザグラダと呼ばれる独特の歓声を上げる。周囲に促され、花嫁と花婿は向き合ってつないだ両手を高く上げながら踊ることで周囲を盛り上げる。

この行列が人々にとっていかに大切なものであるかを理解するための材料として、ある自伝を紹介しよう。二〇一三年に出版された『あるエジプトの結婚』は、テレビドラマ「結婚したい」に触発され、オモネーヤ・ファウジーというエジプト人女性が自分の結婚までの苦労を書いたものである。ただし「結婚したい」のガーダとは異なり、この女性は早く結婚するようにという周囲の圧力に悩みながらも、最終的にはハーリドという男性と恋に落ち、家族の同意を得て幸せな花嫁となっている。

花嫁となる彼女が何よりもこだわったのは、まさにこの行列、「ザッファ」であった。婚姻契約を結ぶ際にも、そして婚宴でも彼女は「ザッファ」をやることだけは譲らなかった。彼女にとって「ザッファ」は、自らの結婚を周囲に告げ知らせ、喜びを分かち合う場であったのだろう。「ザッファ」の雰囲気をよく伝えている一節があるので紹介したい。

私の夢だったザッファをやることができた。少なくとも一時間半は通りにいた。一団は私の大好きなエジプトの伝統的な結婚の祝い歌のすべてを歌い、踊ってくれた。ハーリドの家族も私の家族も、そして友人も、みな揃っていた。ハーリドの従兄弟は、(ハーリドの出身地である地中海岸の町)アレキサンドリア風のザッファをやるべきだと言ってきかず、彼の睾丸を数度つねったので、階段を上る最中、ハーリドは何度か悲鳴をあげた。正直言って、私は彼らが本当につねっているかどうかなど気にもしなかった。私は幸せだった。人生でただ一度、私が女王だったのだから。階段を上るのにさらに一時間半かかった。近所の人たちが私の婚約を祝福しながら、見物していた。家の中はというと、椅子をいくつかとビュッフェ用のテーブルを借りてきていた。ウェディングケーキは三段で、色は私のドレスと同じだった。私の友人もハーリドの友人もみな、家族の写真を撮るとき以外、ずっと踊っていた(12)。

再度確認しておくと、結婚について両者のあいだにいかなる婚姻障害もないとすれば、イスラム法が要件としているのは婚資の額を定めること、その額を盛り込んだ契約を二人

ホテル内の婚宴会場。中央はダンスのスペース

ホテルの婚宴に先立つザッファ

の証人の前で結ぶこと、そして実際に婚資を渡すことだけである。そして国家が求めているのは、マーズーンと呼ばれる公証人が同席して書類を作成し登録することだけだ。しかしながら、社会的に婚姻関係が成立したと認められるには、それだけではまったく不充分なのである。オモネーヤは次のように記している。

ウェディングが本当の結婚の祝いなのだ。それによって性的な関係を結ぶことが許されるようになる。(中略) 婚姻契約書は法的かつ宗教的な文書であり、この男性とこの女性が生涯結ばれ、性的な関係を持つことができると明言している。しかしながら、社会はこうした条件で性関係を持つことを許しはしない。二人は結ばれもしないし、同衾もしないのだ。社会はウェディングが終わってようやく性関係を許す[13]。

英語で書かれたこの自伝のなかで「wedding」と呼ばれているのは、「床入りの夜」を迎えるために行なわれる婚宴である。婚姻契約書だけでは社会は「性関係を持つことを許しはしない」。宗教的な要件を満たしていても、国家の求める法的な手続きを終えていても、それでもなお社会的には二人は夫婦とは認められないのである。

婚姻儀礼の地域性

重要なのは、婚姻関係を成立させるプロセスとしてこれほどに重要な意味を持ちながら、婚宴がイスラム法の定めによるものではなく、その土地ごとの慣習でしかないという点である。エジプトの婚宴に欠かせないベリーダンスやミズマールという楽器が、東南アジアのイスラム教徒にはなじみのないものであることはあらためて指摘するまでもない。

すでに触れたとおり、結婚にあたって人々を招き食事を提供すること、宴会を催すことは、イスラム法的に――「義務行為」ではないにしても――「推奨行為」であると見るのが一般的である。たしかに、預言者ムハンマドが「たとえ羊一匹でも御馳走しなさい」と言った、「あなた方のうちの誰でも、婚宴に招かれたときは行きなさい」と語った、というハディースが伝えられており[14]、婚宴はイスラムの文脈で何の意味も持たないわけではない。しかしながら、人々を招き、食事をともにすること以外、具体的な指示は何もないのである。

民衆文化を専門とするエジプト人研究者、アブドゥルハキーム・ハリール・サイイド・アフマドは、『結婚の慣習と伝統――民衆文化についての研究』[15]で、世界のさまざまな結婚の形態について紹介したあと、「アラブ社会における結婚」という節でイエメン、リビア、チュニジア、クウェイトの例を挙げている。さらにエジプト国内については、スーダンに近いヌビア地方、アスワンとその周辺、エジプト西部の砂漠地帯にあるバハリーヤ・オアシス、そしてカイロの北東に位置するデルタ地方のダカリーヤの例を紹介している。つまり、国によって異なるどころか、同じエジプトであっても地域によって、階層によってかなりの違いがあるということである。

これに関連して、イスラム研究の世界でもっとも権威ある事典とされるEncyclopaedia of Islamの「婚礼（'URS）」の記述を紹介しておきたい。

婚礼に関する慣習は、多かれ少なかれ、国ごとに違っている。ムスリム世界の辺境、たとえばマレー諸島、中央アフリカ、あるいはカザフ人やトルクメン人のあいだで、はっきりとこれは観察される。こうした地域ではイスラムが地元の古い慣習にとって代わったが、ときにはそれらをイスラムの見方に適合させることもあった。イスラム発祥の地でも、イスラムの歴史の最初の数世紀のうちにそのプロセスが完了したとはいえ、同じことが起きた。近代のシリアとエジプトでは、純粋に教会に関する事柄および宗教的な事柄を除き、イスラム教徒の慣習とキリスト教徒の慣習はほとんど同じである。この事実から次のことがわかる。この件については、我々はどの例についてもも、明確にイスラム教徒のものと言える実践ではなく、中東の古い慣習を扱わなければならないのである[16]。

繰り返しになるが、一組の男女に夫婦としての最終的なお墨付きを与えるのは社会の承認である。しかしながら、社会的承認の場である婚宴にはイスラムとは無関係の、土着の要素があふれている[17]。いや、そうしたものから成り立っていると言うほうが正確であろう。だとすれば、イスラム復興の時代を経て、イスラムの規範に対する意識が高くなっている現在、人々が次のような疑問を抱くのは自然なことである。結婚を成立させるにあたってそれほどに重要な儀礼が「イスラム的」なものでなく、「エジプト的」なものであってよいのか、と。

他の宗教に属する者ではなく、宗教を一切持たない者でもなく、イスラムの教えに従って生きる者として結婚したいと望むのであれば、こうした現実を前に、何かが欠けているような不安を感じたとしても不思議ではない。

第五章　「イスラム式婚宴」をめぐる議論

婚宴と音楽、合法性をめぐる議論

前章ではエジプトの人々の結婚にまつわる慣習について少し歴史をさかのぼって見てみたが、意外に感じられる点があったのではないかと思う。レインの時代から今日まで、エジプトの婚宴には、賑やかな音楽と踊りがつきもので男性客と女性客が混じり合うというが、イスラムの規範に反してはいないのか、と。

近代以降、外の世界との接触が多くなるなかで、イスラムの客体化が進んだと言われる(1)。それまでその正しさを疑うことなどなかった自分たちの実践が、他者のまなざしに晒されることで、その意味が問い直されるようになったのである。この傾向がグローバル化の進行により加速したのは当然であろう。世界各地のイスラム教徒の実践がこれほど多様であることに、イスラム教徒自身が驚かされる時代になっているのだ。古くから行なわれてきたことがイスラムの教えに反するはずがない、という楽観的な見方はもはや通用しない。何がイスラムの教えに適っているのかを確認しなければならない、意識的にならなければ良きイスラム教徒として生きることができない、という感覚が広がっているように思われる。伝統的な婚宴のあり方について疑問が寄せられるのは、そういうことである。

エジプトで、「イスラム式婚宴」(al-faraḥ al-islāmī あるいは al-ʿurs al-islāmī) と呼ばれるものが登場したのは一九八〇年代だという。サウジアラビア系の汎アラブ紙であるアッシャルクルアウサトが、二〇〇四年七月に「エジプト——イスラム式婚宴とはタンバリンとオリエンタルダンスで祝う婚宴のこと」というタイトルの記事を載せている(2)。エジプトはサウジアラビアと比較して、はるかに世俗化あるいは西洋化が進んだ国というイメージがあるだけに、「イスラム式婚宴」の広がりが関心を引いたのだろう。

この記事によれば、エジプトでは一九八〇年代に、従来の婚宴に対する批判が高まり、よりイスラム教徒にふさわしい婚宴が提案されるようになったという。まさにイスラム復興という社会現象が顕著になった時代である。「イスラム式婚宴」では、出席者が男女別に二つの会場に分かれ、余興で使われる楽器はダフと呼ばれるタンバリンに似た大きな枠太鼓、歌われるのは宗教的な歌に限られるという。男女を分けること、音楽の類を限定することが特徴となっているのである。ホブズボウムに倣って言えば[3]、新しい伝統の創出が試みられたということであろうか。主流となっているとは言えないにせよ、こうした婚宴が関心を集めていることは、人々の意識の変化を見るうえで無視することができない。

まずは、音楽から見ていくことにしたい。レインによると、一九世紀の花嫁行列には楽師たちの演奏や舞踊が伴っていた。アフマド・アミーンの二〇世紀半ばの著作にも、楽団が行列を先導し、踊り子たちが花を添えると記されている。音楽を奏で、踊りを披露しながら街を練り歩く行列は、娯楽の少ない時代、地域の人々にとってまたとない楽しみであったに違いない。時の流れとともに楽器の種類や音楽のジャンルは変化したが、今日に至るまで、基本的には婚宴には歌や踊りがつきものである。

ではなぜ、楽器が限定され、歌も制限すべきだという声が上がるのだろうか。預言者ムハンマドは音楽についてどう言っていたのかを見てみよう。

アーイシャによると、彼女が或る花嫁をアンサールの男のもとへ導き入れたとき、預言者は「アーイシャよ、アンサールの人達は楽しみ（結婚の祝いのとき、タンバリンを叩いたり、歌ったりすること）が好きなのに、お前は楽しまないのか」と言った[4]。

婚宴について語られたこのハディースは非常に有名で、歌や音楽の是非について議論する際にしばしば引用される。このハディースを見る限り、イスラムでは歌や音楽がはなから否定されているわけではないと考えるのが自然だろう。

しかし歴史的には、イスラム法学の世界では音楽に対して否定的な見解が示されることが少なくなかった(5)。声楽は許されるが楽器の使用については禁じられているとされることも多い。楽器を可とする場合も、使えるのは打楽器のみとすることがある。たとえばイスラムにおける「勧善懲悪（al-amr bil-maʻrūf wal-nahy ʻanil-munkar）」の思想について論じたクックの研究を見ると、イスラムの歴史をとおして、婚宴における音楽の是非が繰り返し問われ、婚宴において楽器を奏でる者は罰するべきだという議論があったことがわかる(6)。

二〇世紀に入ろうとする頃にも、エジプトではこの問題についてかなり議論があったことをある有名な文学作品が示している。ムハンマド・ムワイリヒー（一八五八頃～一九三〇）による『イーサー・ブン・ヒシャームの話』という作品である(7)。

エジプトあるいはアラブの近代文学を語る際、新しい散文文学の誕生につながるものとしてかならず言及されるこの作品は、主人公のイーサー・ブン・ヒシャームが、夢か現《うつつ》か、一〇〇年近く前の時代から蘇ったパシャと呼ばれる人物と出会い、カイロ周辺をいっしょに歩きながら「現代」社会の状況を説明するという設定になっている。パシャの驚きとイーサーの解説によって、激変する社会のなかで戸惑う当時の人々の様子を描き出すという仕掛けである。そのなかから、婚宴について書かれた部分、とりわけ音楽の是非が論点になっている部分を取り上げよう。

招待客であるウラマーたちは、食事を終えると慌ててその場を去ろうとする。この様子を目にして驚いたパシャは、宗教的に好ましくないことでも起きたのかとイーサーに尋ねる。すると、その場に居合わせた人がこう口を挟む。

いえ、何も起きてはいません。出し物はまだですから。しかし彼らはどんな宴会でも、婚宴でも食事を終えるやいなや（手を洗って）出ていきます。彼らについて、「片手で焼き肉（カバーブ）をつかんだまま、片足をもう乗り物にかけている」などとうまいことを言う人もいます。コーランに「食事が終わったならば立ち去れ」と書かれているのだから、ウラマーは神のことばに従っているだけだ、と言って彼らのことをかばう人もいますが。ともかく、彼らは音楽を聴くことは宗教的に忌避すべきだと考えており、（余興としての）音楽の演奏が始まることを恐れて、食事が終わると婚宴に留まろうとはしないのです。(8)

このあと約一五ページにわたって、この問題についての議論が延々と続いている。当時、音楽の扱いについてそれほど盛んに議論されていたのだろう。とはいえ、作品の次の展開を見逃すわけにはいかない。

食事を済ませると慌てて席を立つウラマーたちとは別に、ただ一人落ち着いた様子でゆっくりと席を立とうとするウラマーがいる。学識の高いこのウラマーは、音楽について自らの見解を解き明かし、音楽を忌み嫌う他のウラマーたちの視野の狭さを嘆くのだ。それを受けるかのように、パシャは自分の時代の土地ごとの祝い歌が持つ味わい深さについて語り始める。これによって、当時の婚宴における音楽がパシャの時代とは変わり果て、単なる喧騒になっていることが伝えられるとともに、問われるのは音楽そのものの是非ではなく、どのような類の音楽か、その音楽が何をもたらすか、だということが暗に示されている。

このあたりで物語の世界を離れ、現実に話を戻そう。法学者たちの議論はさておき、エジプトだけでなく、イスラムが支配的な地域には実際に豊かな音楽文化がある。歴史をさかのぼれば、『千夜一夜』にはたくさんの楽器の名が登場する。(9) 多様な楽器を使った洗練された音楽が奏でられている宮廷の様子が目に浮かぶ。

現代に目を向けると、若者の心をとらえるのは欧米風の音楽だけかと思いきや、イスラム世界独自のポップスと呼ぶべきジャンルも人気を集めている。曲調は西洋風でありながら、歌詞はムハンマドを称えるもの、神の偉大さを唱えるもの、などイスラム教徒ならではの内容だ。また、「アラブの春」でも、人々を鼓舞し幅広い層にメッセージを届けるという点で音楽が大きな役割を果たしたことが指摘されており[10]、人々が日頃からいかに音楽に親しんでいるかがわかる。

にもかかわらず、とりわけ婚宴における音楽の是非が問われている背景には言うまでもなくイスラム復興がある。婚宴で使われる音楽は厳かな雰囲気を醸し出すものではなく、高揚感を生み出し、聴いていると思わず体が動き出すようなものであることを考えれば、イスラム法学の世界で歴史的に見られる音楽への批判的なまなざし、人を陶酔させ道を踏みはずさせるものとしての音楽に対する警戒心が再浮上し、人々のあいだに広がっていったとしてもさほど不思議ではないのである。

その結果として、婚宴で音楽を使うことについてのファトゥワーが数多く出されることになる。ファトゥワーとは、一般信徒の質問あるいは相談に答える形で、イスラム法学の専門家が示す見解である。イスラムは包括的な宗教であるがゆえに、相談の内容は多岐にわたり、家庭内のもめごとといったきわめて個人的な問題から、政治、経済に関わるものまでありとあらゆる事柄がファトゥワーの対象となる。そのなかでなにか特定の案件について繰り返し相談が寄せられ、数多くのファトゥワーが出されるとすれば、それはその問題が人々の関心を集め、議論の的になっていることの証である。

すでに説明したとおり、イスラム法解釈にはかなりの多様性がある。音楽についても同じで、基本的には許されると見るものが主流だが、その先で見解が分かれることが多い。何らかの制限付きで許されると見るにしても、打楽器以外は不可とする、すべての楽器が禁じられていると見るなど、異なる判断が出されるのである。

その一つとして、二〇〇五年にエジプトのファトゥワー庁から出ているものを紹介しよう。ファトゥワー庁とは、一八九五年に設立された、ファトゥワーを出すことに特化したエジプトの公的な機関である。なおここでは「音楽」と訳したが、アラビア語の「ムーシーカー（mūsīqā）」は声楽と区別して器楽を指すこともあることを言い添えておく。

問：音楽を聴くことに関する法判断は何ですか。音楽のうち何が合法で、何が非合法ですか。歌うことについての法判断、あるいはルールは何ですか。ダフ（タンバリンに似た枠太鼓）を伴うものであれ、伴わないものであれ、イスラム的な賛歌を聴くことについての法判断はどうですか。

答：歌と音楽には聴くことが許されるものと禁じられるものがあります。なぜなら、歌詞の美しい歌は美しく、歌詞の醜悪な歌は醜悪だからです。

宗教的な歌や音楽であれ、国民的なものであれ、あるいは祭や祝い事で喜びを表現するためのものであれ、男女が入り混じることがないのであれば、音楽も歌も許されています。歌は下品で猥雑なものではなく、酒や不道徳な行ないなど禁じられたものを含んでおらず、本能を刺激し欲望を煽るものではなく、その内容が汚れなく気高いものであればよいのです。

禁じられた音楽や歌とは、いと高き神のことを忘れさせ、否定された危険な事柄を含むものです。たとえば、本能を刺激し欲望を煽るもの、男女が入り混じって参加するもの、歌い手の声が女々しかったり、かすれていたり、欲情させるもの、そして羞恥心や道徳心を破壊するようなものです。アッラーに称賛あれ。いと高き神は全知であられます。(11)

婚宴における音楽が「祝い事で喜びを表現する」ものに該当することは間違いない。だとすれば、不道徳なものでない限り、羽目を外さない限り、婚宴において音楽は許されるということになろうか。

参考までに、アラビア湾岸の国、カタルの政府が運営するイスラムウェブというアラビア語のウェブサイトに掲載されたファトゥワーについても見ておくことにしよう(12)。エジプトだけでなく、広くアラブ世界で同じような問題が議論されている様子がわかる。

問：私は間もなく結婚します。しかしながら、私の家族は私がどれだけ言っても、婚宴には音楽が必要だと言い張ります。楽器を演奏するなら婚宴をやらないと私は突っぱねました。すると両親も親戚もみな私のことを怒り出しました。私は今、神の御心に添いたい気持ちと両親を喜ばせたい気持ちのあいだで苦しんでいます。どうか解決策を教えてください。

答：神に称賛あれ、そして神の使徒、その一族と教友たちに祝福と平安あれ。両親への従順は義務ですが、ただしそれは善行をもっての従順です。預言者――神の祝福と平安あれ――は言われました。ブハーリーが伝えるように、「善行をもっての従順だ」と。両親がもし神への反抗を命ずるのであれば、両親への従順は禁じられたものとなります。楽器の演奏は神への反抗です。私たちは質問を寄せた方にこう言います。結婚しなさい。その結婚を披露しなさい。ただし、いと高き神の意志に適ったやり方でそうしなさい。神の怒りを買うようなやり方で親を喜ばせることをしてはなりません。私たち自身のため、そしてあなたのために私たちは神に成功を祈ります。いと高き神の意志に適ったことを、よりいっそうできるようにと。(13)

ファトゥワー関連のウェブサイトは数多く存在するが、他のサイトにもこの種の相談がしばしば寄せられている。このファトゥワーのように、楽器を使った音楽は一切不可とするものもあれば、先のファトゥワー庁から出されたもののように下品で欲情を煽るようなものでなければ楽器を使うことは許されるとする見解もある。

ただ、このようにばらつきがありながらも、一点においてすべてのウラマーの見解は共通している。というのは、どのファトゥワーにおいても、遵守を求めているのはイスラムの一般的な規範であり、婚宴に限られたルールではない。つまり、楽器演奏は許されないと言うウラマーは、どんな場であろうと楽器演奏という行為自体をしてはならないと判断している。そして不道徳な歌だけを禁じる場合も、やはり婚宴に限らずいかなる場でもそれは許されないと言っているのである。

言い換えれば、一般的なイスラムの規範を遵守している限り、どのような祝い方をしても何ら問題はないということである。その土地ごとの婚宴の様式があることには、イスラム法学の専門家は何の問題も見出していないという点を確認しておきたい。

洋服という記号

続いて、男女の空間分けの問題に移るまえに、衣装について見ておきたい。イスラムと言えば女性のベールが思い出され、それは女性を隔離するためのものというイメージがあるかもしれない。しかしながら、エジプトで過去一〇〇年にわたってなされてきた議論を振り返ると、ベールには驚くほどに多様な意味が込められているのが見えてくる。花嫁の衣装も、そうした文脈のなかで変遷してきたことを最初に確認しておこう。

イスラムを研究対象としていると言うと、イスラム教徒の花嫁衣装について訊かれることが少なくない。イスラム教徒の女性と言えば黒一色の布で全身を覆った姿しか思い浮かばず、ハレの日の衣装など想像もつかないからであろうか。しかし、エジプトに話を限っても、この問いには答えようがない。

不思議に聞こえるかもしれないが、今日のエジプトには伝統的な花嫁衣装は存在しないと言ってもよい。エジプトだけでなく、筆者がこれまでにチュニジア、シリア、レバノン、カタルというアラブ諸国で見た花嫁は、みな西洋風の純白のウェディングドレスを着ていた。

第一章で説明したとおり、エジプトでは日本と時期をほぼ同じくして上からの近代化／西洋化が試みられた。当時ムハンマド・アリー王朝の皇太子であったタウフィーク（一八五二～九二）とアミーナとの結婚は、そうした姿勢を喧伝するための重要な舞台となった。西洋文化に親しんでいた彼は、開かれた新しいエジプト人の象徴という役割を担ったのである。(14)一八七三年の二人の結婚写真では、純白のウェディングドレスに身を包んだアミーナがタキシード姿のタウフィークに寄り添っている。

世紀が変わって一九三九年、エジプトの人々の注目を集めたのは、ムハンマド・アリー家の皇女ファウジーヤとイランの皇太子ムハンマド・レザー・パフラヴィー（一九一九～八〇）との結婚である。二人の結婚生活は長くは続かなかったが、当時の記録映像を見ると、この結婚が政治的な意味を帯びた、国を挙げての大イベントであったことがよくわかる。パレードが大々的に行なわれ、婚姻契約締結の場には、当時のアズハル総長マラーギーが同席している。二人の結婚を記念してエジプトで出版された写真集を見ると、(15)花嫁は純白のウェディングドレス、花婿は数々の勲章をつけた洋風の軍服姿、そして出席者は全員、男性はスーツ、女性はロングドレスである。こうした上流階級の動きから始まり、エジプトでは花嫁衣装は徐々に西洋化していったと考えられる。

現在エジプトの若い写真家が中心になって運営されている「フォト・マスル」というプロジェクトでは、(16)二〇世紀初頭からの古い結婚記念写真が集められているが、筆者が見た限り花嫁はすべて西洋風の白いウェディングドレスを着ている。花婿もたった一例を除いて、全員がタキシードあるいはスーツ姿である。少なくとも記念写真を撮る経済的余裕がある階層に関しては、それ以外の衣装は考えられなかったのだろう。写真を見ても、新郎新婦がイスラム教徒なのか、それともキリスト教徒あるいはユダヤ教徒なのか、その衣装からは識別できない。

ここで少しエジプトから離れ、一般論として、衣服には外傷から身体を保護し、強い日差しや寒さから身を守るといった実用的な意味があるだけでなく、性別、年齢、経済力、地位、階層など社会的背景を明示する働きがあることを確認しておきたい。(17)ことばによる説明など要せず、着ているものを見るだけで、その人がどんな集団に属する人物か、どのような社会的位置にあるかがわかる。

ただ、こうした記号としての衣服の働きは、文脈に依存するところが大きい。たとえば、同じ服装をしていても、場所や時代が異なれば伝わるメッセージは異なる。スーツにネクタイといういでたちは、現代の日本であれば「きちんとした人」であることを伝えるが、江戸時代であれば奇妙と映っただろうし、明治初期であれば西洋かぶれと思われたかもしれない。衣服とは、自由に選んでいるようであっても、実は前もって意味を与えられた、ごく限られた範囲のなかで選ばれるものに過ぎない。

エジプトに話を戻そう。同じアラブ人でも、アラビア半島の男性と言えば頭に布のかぶり物をした、すとんとした白いワンピース姿がすぐに連想されるだろうが、エジプト人については特定の衣服は思い浮かばないのではないだろうか。それはおそらく、国を代表するような人々、すなわち大統領をはじめとする政治家、軍の上層部、財界の要人、知識人、芸術家などがみな西洋的な服装をしているからだと思われる。アラブ連盟加盟国の代表の集合写真を見ると、西洋風のスーツと地域ごとに異なる民族衣装が混在しているが、歴代のエジプト大統領は——すべて男性であるが——一人の例外もなく洋服を身に着けている。エジプトには今もガラビーヤと呼ばれるワンピース状の伝統的な衣服があるが、現在は比較的貧しい階層の人しか日常的には着けていない。

かつてエジプトでは、洋服に身を包むことが近代志向を表すとともに、社会的地位をも示した。アラブの衣服についての研究で知られるスティルマンは、次のように言っている。

一九世紀、アラブ、イスラムの地の多くで、伝統的なゆったりとした衣服を捨てて、西洋風に仕立てられた衣服を選ぶ動きが始まった。最初はゆっくりとしたものであったし、あらゆる場所のすべての集団で同時に起きたわけではない。この動きは、二〇世紀末の今も続いている。エジプトでは、一九世紀の後半に、支配層のエリートがヨーロッパ風のファッション要素を採用し始めた。エジプトの副王はアラブ世界で先頭を切って西洋風の服装を取り入れたのである[18]。

このあと、一九世紀にイタリア、フランスへ派遣された留学生が帰国後も西洋風の衣服を身に着けたことに加え、軍隊で洋風の軍服が採用されたことが、まず男性のあいだで西洋風の服装が広がる端緒になったと説明したうえで、スティルマンは次のように続ける。

総じて、伝統的な衣服を捨てたのは、イスラム教徒の女性よりも、イスラム教徒の男性のほうが早かった。一つには今示したとおり、軍隊と上級官僚という、男性に限られていた（全体的には今も限られたままであるが）世界で最初に変化が強制されたためである。さらには、イスラムには（女性の）慎みという概念があるためでもあろう。イスラム教徒は男性のほうが空間的にも社会的にもより大きな動きを示すことができた。ヨーロッパの大学に送られた学生（すべて男性である）はまさにその典型である[19]。

そして男性よりは遅れながらも、女性の衣服の西洋化も着実に進んでいった。一九三八年にカイロで開催された「東洋女性会議」の写真を見てみよう。同会議は、先に紹介したホダー・シャアラーウィーが中心となり、「パレスチナ防衛」を目的として開催されたものである。そこに写っている女性たち、すなわち高学歴で、比較的高い階層の女性たちはみな洋服に身を包んでおり、衣服からは何教徒であるのかわからない。

性別による時間のずれはありながらも、エジプト社会では上の階層から衣服の西洋化が着実に進んでいった。それは個人の好みの問題ではなく、一種の社会的ルールだったのである。

先に挙げたアフマド・アミーンの自伝に、このことを示すエピソードがある。彼がアズハル学院を卒業し、イスラムの伝統的な教育を終えているのはすでに述べたとおりである。当時の常識で言えば、彼はウラマーになるはずであった。しかし一九二五年にエジプト初の近代的大学であるエジプト大学が設立され、彼はアラビア語の教員として迎えられることになる。エジプト大学とは、現在のカイロ大学の前身である。

このことは彼がイスラムの伝統的な学問の世界から、世俗的／近代的な知の世界に身を移したことを意味する。この社会的な移動によって、彼は服装を変えることを余儀なくされた。彼はそれまでのターバンとゆったりとしたワンピース状の伝統的な服を捨て、トルコ帽とスーツにネクタイを身に着けるようになった。所属する社会集団が変化すれば、身に着けるべき衣服も変わる。ターバン姿では、周囲の人間からウラマーとしてしか遇されず、新しい集団の成員として生きていくためには、新しい衣服を身に着けざるを得なかったことが、彼の経験をとおして詳細に記されている[20]。

さらに時計の針を先に進め、学生の様子を見てみよう。一九六〇年代のカイロ大学の学生たちの写真を見ると、男子学生はもとより、女子学生の衣服にもイスラム教徒らしさを感じさせる要素はまったくない。外見からはイスラム教徒なのか、それともキリスト教徒なのかわからない。この時代のエジプトでは、男女を問わず、教育を受けた都市部の中間層以上はかならずと言ってよいほど洋服を着ており、ベールで髪を覆っている女性も少数派であった。

筆者が一九七八年にはじめてエジプトを訪れたとき、カイロの大学生でベールを着けていたのはごく少数で、とても目立っていたことが思い出される。また、文化人類学者のルーが一九八五年に刊行したエジプトの家族についての研究書には複数の女性の写真が載っているが、下層の女性を除き、都市部の若い世代が着ているのはすべて洋服であり、誰もベールを着けていない[21]。

誤解のないように確認しておくと、ベールが、そして伝統的な服装が捨てられたのは、エジプトの衣服の文化が貧困であるからでもなければ、衣服の差異が社会的な意味を持たないからでもない。事実は逆である。ルーは、一九七八年から八一年にかけてエジプトで調査した結果をまとめた別の著書でこう記している。アンサーフとは、国内各地の調査に同行したエジプト人女性の名前である。

私はかねてから、アンサーフがはじめて会った人なのにすぐに「あの人は上エジプトの農村出身のキリスト教徒」、「あの人はデルタ地方のシャルキーヤ県のイスラム教徒」、あるいは「あの人はシナイ半島のベドウィン」などと言い当てることに感嘆していた。アンサーフはなぜ自分がわかるのか説明はできなかったが、私も彼女自身も衣服の小さな差異によるのだろうということは感じ取っていた。(中略)私も女性たちの衣服やショールについて観察し始めると、一つのパターンが見えてきた。政治的、社会的、経済的にアイデンティティが異なる地域に入ると、服も変わるのである。(22)

エジプトでは、衣服は高度に記号化されている。かつてはさまざまな刺繍やデザインが、出身地や宗教、そして階層を示す役割を担った。そしてこうした豊かな伝統に、あらたに西洋的な衣服が加わったのである。当初、洋服を着ることができるのは、西洋的な文化に触れることのできた一部の人々と、ある程度の経済的余裕のある者だけであったが、それが次第に一般社会に拡大し、西洋的な服装こそが近代的な服装であるという意識が浸透していく。それはさらに、経済的にも、そして教育レベルにおいても、一定以上の階層に属することを示す記号となった。

ベールを捨てること、ベールを取り戻すこと

上からの近代化/西洋化によって衣服が変わった点においては、エジプトは日本と変わらない。軍隊が洋服の導入に一役買ったのも、男性が女性に先んじたのも同じである。しかし一点、大きな違いがある。それは、エジプトにおける女性のベールをめぐる攻防である。それに匹敵するような論点は、日本の近代史にはないと言ってよいのではないだろうか。この攻防の影響は、今日のウェディングベールのありようにも及んでいる。

ここで、衣服に関するイスラムの規範について、基本的な点を確認しておくことにしよう。男性の服装についてはあまり知られていないが、実は決まりがないわけではない。男性が絹や金を身に着けることは戒められる。また、身体のうち、へそより下で膝より上の

部分は露わにせず、覆わなければならない。ただ、ジーンズとTシャツといったスタイルでも守ることができるため、この規範はあまり可視化されない。頭にかぶるものについても、かつて西洋のキリスト教徒は帽子、イスラム教徒はターバンという対照が存在し、イスラム教徒が帽子をかぶることが問題視されたこともあったが[23]、イスラム教徒の男性はターバンを着けなければならないという意識が広く共有されたことは、おそらく一度もないだろう。

それに対して、イスラム教徒の女性の服装については、誰もがすぐにベールを思い浮かべるに違いない。イスラム教徒の女性は髪を覆い、時には顔をも隠すというイメージが支配的だ[24]。女性の衣服について、いったいコーランにはどう書かれているのだろうか。いつも引かれるのは次の二カ所である。

男の信者たちに言ってやるがいい。「(自分の係累以外の婦人に対しては) かれらの視線を低くし、貞潔を守れ。」それはかれらのために一段と清廉である。アッラーはかれらの行うことを熟知なされる。信者の女たちに言ってやるがいい。かの女らの視線を低くし、貞淑を守れ。外に表われるものの外は、かの女らの美 (や飾り) を目立たせてはならない。それからヴェイルをその胸の上に垂れなさい。自分の夫または父の外

は、かの女の美（や飾り）を表わしてはならない。（二四：三〇〜三一）

預言者よ、あなたの妻、娘たちまた信者の女たちにも、かの女らに長衣を纏うよう告げなさい。それで認められ易く、悩まされなくて済むであろう。アッラーは寛容にして慈悲深くあられる。（三三：五九）

これを読むとわかるのは、コーランには身体のどの部分をどのように隠すべきなのかについての詳細な記述はないということである。髪を隠せという指示もなければ、顔を露わにするなと命じている部分もない。ちなみに現在では一般にイスラム教徒の女性のベール、とくに髪を覆うベールを「ヒジャーブ（hijāb）」というが、この語はコーランに複数回登場するものの、「垂れ幕」などの意味で用いられており、女性が身に着けるものという意味では使われていない。

女性の衣服について書かれたものとして紹介したコーランの章句のなかで、「ヴェイル」と訳されているのは「ヒマール（khimār）」、「長衣」と訳されているのは「ジルバーブ（jilbāb）」である。このことからも、女性の髪を覆うベールが「ヒジャーブ」と呼ばれ、それがイスラム教徒の象徴とされるのは、実は比較的新しい現象であることがわかる。

要するに、女性の服装に関する規範もその他の規範と同じく、コーランを出発点とし、ムハンマドの慣行に依拠しながらも、のちの人間の判断によって導き出されたものなのである。だからこそ、ベールについての見方にも変化がある。地域によって、時代によって、そして社会の状況によって、イスラム教徒の女性の衣服が変わるのは当然なのである。

二〇世紀以降のエジプトにおける女性のベールについて語るには、二人の人物について触れておかなければならない。一人はカーシム・アミーン（一八六三～一九〇八）という男性である。一八九九年に『女性の解放』[25]、そして一九〇〇年には『新しい女性』[26]を著し、女性解放論の論客と評されている。彼は新しい国造りのために女性に教育を与える必要を説くとともに、女性の顔を覆うベールについて疑問を投げかけた。

もう一人は、先に紹介したホダー・シャアラーウィーである。彼女が自伝を著したのは、まさにカーシム・アミーンと同じ訴えを自らの体験をとおして表明するためであったと言ってよい。イスラム復興を経た現代の視点からすると、彼女の率いたエジプト・フェミニスト連合（al-Ittiḥād al-Nisāʾī al-Miṣrī）は西洋的な社会をモデルとしたものであって、その考え方は時代遅れだという捉え方をされることが多い。たしかに彼女の率いた運動は、上流階級の女性にしか理解されなかったかもしれないし、西洋かぶれという誹りを免れない部分があることも否定はできないだろう。

しかしながら、彼女の率いた運動を無意味と断罪するのは正当な評価ではない。イギリスからの独立を求める一九一九年革命において全エジプトが一丸となって立ち上がったことはすでに説明したが、その闘いには彼女のような女性たちも参加していた。まさに「奥方」と呼ばれるにふさわしい、日頃は外に出ることすら少ない上流階級の女性たちが通りに出て独自の示威行動を行なったことは、闘いがすべてのエジプト人のものであることを強く印象づけた。彼女にとって、顔を覆うベールは女性が一人の人間として生きる可能性を封じ込めるものであり、女性の解放を妨げようとするすべての力の象徴であった。そしてなによりも、女性の解放なくしてエジプトの真の解放はないというのが彼女の考えであったのである。

一九二三年三月、三六カ国が参加したローマでの国際女性同盟会議に、彼女はサイザ・ナバラーウィー（一八九七〜一九八五）とともにエジプト代表として出向いている。[27] 彼女たちの意識がエジプトの将来像と深く結びついていたことは、自分たちがこの会議でどのように迎えられたかについて、シャアラーウィーが誇らしげに次のように記していることからもわかる。

私たちの代表団は数のうえではもっとも小さかったにもかかわらず、大きな反響を呼び、大歓迎を受けた。というのは、(西洋の)参加者が予想していたよりもずっとそのレベルが高かったからである。他の参加者たちは好奇心をむき出しに、何度も繰り返し、本当にエジプト人なのかと私たちに尋ねた。そうだと答えるたびに、驚きの表情になった。彼女たちの頭のなかでは、ヒジャーブを着けたエジプトの女性は無知で野蛮なものというイメージができあがっていたのだろう。しかし、私たちが彼女らの掲げる使命を完璧に遂行しているのを見てその考えは改められた。そしてエジプトを代表する支部として、国際女性同盟に加盟するよう招待されたのである。(28)

エジプト人はその大半がイスラム教徒であるがゆえに、女性は抑圧され教育の機会を与えられず、そのため少なくとも人口の半分は無知蒙昧な人間以下の存在である、というエジプトのイメージを突き崩すことは、彼女にとって大きな喜びであった。以降、彼女は女性の教育の機会拡大、結婚年齢の引き上げなどを粘り強く求めていくことになる。

カーシム・アミーンもホダー・シャアラーウィーも、もちろんベールについてのみ議論したわけではない。しかしながら、エジプトを外国支配のくびきから解放するには、女性を抑圧する野蛮な宗教に支配された国、西洋の手助けなしに一人歩きなど到底できない遅れた国、というエジプトのイメージを払拭することがどうしても必要であり、そのなかで、女性に対する抑圧の記号とされるベールを捨てることの重要性が叫ばれるようになったのである。ホダー・シャアラーウィーはローマからの帰国後、衆目の集まる駅で顔のベールを外した。

しかしながら裏返して見ると、こうした動きは、イスラム、女性のベール、後進性の三つを等号で結ぶ西洋の言説を、イスラム教徒自身が受容していたことの証左にほかならない。女性の解放をベールからの解放とみなす西洋のまなざしを、カーシム・アミーンやシャアラーウィーは内面化していた。アメリカで活躍するエジプト出身の研究者、ライラ・アハメドがその著書で示しているとおり、カーシム・アミーンの議論は「ネイティブの声でムスリムの劣等性と、ヨーロッパ人の優越性という植民地主義のテーゼをネイティブとあらためて表現したもの」[29]であることは否定できない。そこにはベールを慎み深さの表れと見る視点も、固有の文化として継承しようという発想もない。実際にそれを着用している女性が感じ取っていたであろう、ベールの利便性について考慮しようという気配などみじんもないのである[30]。

しかし、ベールを否定する言説はエジプトでも長く支配的であり続ける。一九五二年の革命を経て、「アラブ社会主義」というイデオロギーを掲げ新しい国造りを目指したナセルの時代においても、やはりベールは後進性の象徴であった。

一九六六年のナセルの演説を見てみよう[31]。一九二八年に結成され、エジプトで圧倒的な存在感を持っていたイスラム主義組織、「ムスリム同胞団」の指導者と話した際のことを語ったものである。当時の状況について簡単に説明しておくと、ナセル暗殺計画を理由にすでに一九五四年に同胞団は非合法化されており、当然のことながら、この演説においてナセルは同胞団を手厳しく非難している。

ナセルはいつもどおり、人々が日常的に使うエジプト方言のアラビア語を使い、ユーモアにあふれた語り口で聴衆の心をつかんでいる。彼はまず、新しい国造りに向けて協力関係を築こうと、革命の翌年、一九五三年にムスリム同胞団の指導層と接触したことを明らかにする。そのうえで、彼らの要求は何かと尋ねると、彼らがまず求めたのは「エジプトにヒジャーブを確立する（tuqīm al-ḥigāb fī maṣr）[32]」こと、そして「すべての女性にベールを着けて街を歩かせるようにする（khalli kull waḥdah timshi fi shshāriʿ tilbis ṭarḥah）[33]」ことであったと語る。

注目に値するのは、ここで会場から笑いが起きることである。さらには会場から、「ならそいつが自分で着ればいい！」という男性の声が上がり、会場全体が大爆笑になる。ナセルはそれに笑顔で応え、こうした問題はそれぞれの家で決めることだと言ったあと、その同胞団指導者の娘は大学の医学部で学んでいるがベールを着けていないと付け加え、再び会場は笑いの渦に包まれる。さらにこれを踏まえて、ナセルは同胞団指導者にこう尋ねたと聴衆に告げるのである。「あなたは自分の娘一人にさえベールを着けさせることができないのに、どうして私に一〇〇〇万人の女性にベールを着けさせようとするのですか」。すると会場はさらに盛り上がり、拍手喝采となる。

ナセルはカリスマ的な指導者であり、とりわけ演説の巧みさは有名である。すべての女性にベールを強制しようとする組織、という表現が同胞団を笑いものにするのに有効であることが彼にははっきりとわかっていた。聴衆が爆笑したことは、ベールの強制は時代錯誤のばかげた発想であるという見方が人々に広く共有されていたことを示す証拠である。ベールに対するこうした評価は一九七〇年代まで続いた。

しかし一九八〇年代になると、髪をベールで覆う女性が着実に増えていく。少数ではあるが顔まで覆い隠す者も登場する。ナセルの急死を受けて一九七〇年にサダトが大統領になり、彼の時代に進んだイスラム復興は、イスラムの名において体制への批判を繰り返す政治的な運動の拡大に留まらず、人々の日常生活にも深く浸透していったのである。一九九〇年代初頭にベール回帰という現象についての研究書が相次いで出されたことは、この変化が外からも注目を集めていたことを示している(34)。

現在では、髪を隠すことはごく一般的になり、髪を覆っていない女性のほうが圧倒的に

スマートフォンを見ながら歩くベール姿の女性

その名もベールというブティック

少ない。ベールは後進性、女性の抑圧の象徴ではなくなり、新しい意味を獲得した。髪を覆うベールは慎みや道徳心の象徴となり、イスラム教徒としての誇りを示すものとなったのである。

この現象は、ベール回帰あるいは再ベール化と呼ばれることが多いが、女性たちは昔の服装に戻ったわけではない。この現象の中心にいたのは、都市に住む教育を受けた若い世代であり、彼女たちが手に取ったベールは、形も着け方も昔のものとは異なる。かつて伝統的な服を捨て、西洋風の衣服を選び取った女性たちが、今度は自らの手で新しい伝統を創り出そうとしたかのようである。彼女たちは自分のライフスタイルに合った新しいベールや衣服を生み出していく。アラビア半島の女性を真似たかのような、髪はもちろん顔も隠した全身黒ずくめの女性がいるかと思えば、ぴったりとしたジーンズと体の線を出すカットソーに身を包み、派手な柄のスカーフを最新流行のスタイルで頭に巻きつけた女性もいる。

そして女性の衣服をめぐるこうした大きな流れのなかで、純白のウェディングドレスとともに着けられる新しいベールが生まれた。昨今のウェディングベールは二重になっているものが多い。厚手の白い布で髪を完全に覆ったうえで、さらにレースなど薄い生地の華やかなベールを着けるのである。

マーズーンをはさんでハンカチの下で手を合わせる花嫁の父と花婿。それを見守る花嫁

こうしたベールは、その花嫁がイスラム教徒であることを、さらにはイスラムの規範に忠実に生きようとする女性であることを、言葉を介することなく一瞬のうちに伝える。そしてこうした姿の花嫁が中心にいることで、その婚宴がキリスト教徒のものでもユダヤ教徒のものでもなく、イスラム教徒のものであることが見事に可視化されるのである。

会場を二つに分けること

次に婚宴会場を性別によって二つに分けるという選択については、どのように考えればよいのだろうか[35]。

同じアラブの国でも、サウジアラビアなどアラビア湾岸の国では、現在も男女別の会場を設けるが、エジプトでも、レインが記録した時代は同じであった。新郎は男性会場に、新婦は女性会場にいた。当時のエジプトでは、男女は今よりもはるかに厳しく空間分けされていたことを思えば当然であろう。

しかし今日のエジプトでは、大学は男女共学であり、職場でも当然のように男女が同じ空間で仕事をする。常日頃、いっしょに仕事をしている同僚であり、席を並べて学んだ友人でありながら、婚宴では別々というのは自然な発想ではない。しかしながら、会場を男女別にした婚宴こそあるべきものと考えて実行に移す人々が、多くはないにせよ存在するようだ。そうした動きを反映するものとして、エジプトの映画を一つ紹介したい。

一九九九年に公開された「奪われた夢（Aḥlām Masrūqah）」[36]は、日本人観光客も犠牲になった一九九七年のルクソール事件のあと、急進的なイスラム主義勢力の拡大に対する危機感が高まっていた時代の雰囲気を伝える作品である。テロの背後にある社会格差や貧困など深刻な問題に触れた作品であるが、物語の内容はさておき、ここで注目したいのは冒頭の婚宴の様子である。「イスラム式婚宴」について、一般にどのようなイメージが抱かれているかを垣間見ることができる。

まずは、主人公の夫婦と彼らを招待する親戚が見事なまでの対照をなしていることを確認しておこう。主人公の夫婦は、夫は顎髭を生やさず、妻はベールを着けておらず、どう見てもイスラム主義的な思想に共感しているようには見えないのに対して、親戚は、その服装やことばづかいから、正反対の傾向をうかがわせるのである。

そしてそれが極まるのが、この親戚の家の婚宴会場の様子である。主人公の夫妻が小さな息子を連れて会場に入ろうとすると、夫妻は別々の入り口に案内される。二人が戸惑う様子を見逃してはならない。二人にとって、まったくの想定外だったのである。

会場の様子について説明しておこう。入り口は別々だが、実は同じ部屋である。花嫁と花婿は一番奥に、壁を背に並んで座っている。ただ、彼らのすぐ前には反対側の壁まで届く長い衝立が立っており、部屋は男性客用と女性客用の二つの空間に分けられている。招待客は男性であれば男性用の入り口から入り、新郎の前に広がる男性用の一角に着席する。女性も同様である。新郎新婦は互いの姿を見ることができるし、どちらの空間にいる客も新郎新婦の両方を——片方はかなり見にくい位置になるとはいえ——見ることができる。しかし、客たちはけっして男女入り混じることがない。

この会場で聞こえてくるのは、人々の話し声を除けば、白いカーテンの向こうで打ち鳴らされるタンバリンの単調な音と、女たちがときおり上げるザグラダの声だけである。音楽が鳴り響き、熱気にあふれた一般的な婚宴とは似ても似つかない。厳かな雰囲気と言えなくはないが、この場面から息苦しさ、居心地の悪さを感じとる観客も少なくはないだろう。

もう一つ、紹介しておきたいのは、二〇〇七年の「奴らの仲間じゃない（Anā mush ma'āhum）」という映画である。これもまた、エジプト社会において「イスラム式婚宴」がどのように捉えられているのかを知るためのよい材料になる。

この作品は典型的な恋愛映画で、主人公の二人は同じ大学に通う学生である。二人の生き方は対照的で、青年アムルはまともに勉強せず、仲間たちと麻薬、賭け事に耽り、ただ無為に時を過ごしているのに対し、ファラハは髪をベールで覆い、イスラム主義的な理想を掲げてデモを率いる、生真面目で勤勉な女子学生である。

アムルの親が息子の怠惰さにあきれるのは当然として、ファラハの親も自分の娘の生き方に戸惑っているという設定は注目に値する。世代間のギャップがそれほどに大きいのだ。ファラハの親は娘の頑なさにお手上げの状態にある。ファラハがベールで髪を完全に覆うだけでなく、体の線を出さないようゆったりとしたシルエットの丈の長い服装をしている一方で、母親は髪を覆わないどころか、腕や肩を露わにするような服に身を包んでいる。

こうしたケースは、実際、それほど珍しくはない。要はイスラム復興以前の世代と以後の世代のあいだにある価値観の違いであり、若者は古い世代にベールの着用を強いられているというイメージがいかに間違っているかがわかる。

物語はアムルが美しく聡明なファラハに惚れ込むことから始まる。何とか彼女の気を引こうと、アムルは突如、顎髭を生やし、熱心なイスラム主義者を装い始める。悪い仲間たちとの付き合いも断ち、苦労の果てにファラハの心を射止める。その後、娯楽作品ならではのスリルにあふれた急展開が続くが、結局はハッピーエンドである。アムルは浅はかな芝居をやめ、自らのそれまでの生き方を心から反省し、ファラハはイスラム主義者のグループの見せる独善性に気づき、頑なな態度を捨てる。二人は互いを理解し合い、幸せな家庭を築く。

あら筋はさておき、注目したいのは、作品の半ばに登場する「契約式」の様子である。この段階では、アムルの芝居はまだファラハにばれていない。彼はファラハと同じく、親の世代の考え方に批判的なイスラム主義の信奉者として振る舞っている。

多くの客を招き盛大な式が開かれるが、ここでも会場は二つに分けられている。ただし、その基準は性別ではない。会場を二つに分けたのは、世代間のギャップ、あるいは思想的な違いに対応するための苦肉の策なのだ。一つはまさに「イスラム式」と呼ぶべき会場であり、もう一つはその正反対、つまり親の世代にとってあるべき祝い方をするための会場、音楽を流しダンスを楽しむための会場なのである。これが通常はありえない、非現実的な設定であることは言うまでもない。招待客が入り口で、その外見、服装によって即座にどちらかの会場に振り分けられる様子はコミカルに描かれ、観る者の笑いを誘う。

「イスラム式」の会場には、ファラハと価値観を同じくする顎髭を生やした男たち、ベールを着け体の線の出ない衣服に身を包んだ女たちが、男女別に少し距離を置いて座っている。聞こえてくるのは、合唱団の歌うナシードと呼ばれるアカペラの宗教的な歌だけだ。列席者は席に着いたまま、静かにナシードを聴いている。その一方で隣の会場では、ＤＪが流す大音量の音楽に合わせ、男女が入り混じり踊っている。女性客のなかには肩を出したドレスを着ている者も少なくない。場を盛り上げるために複数の歌手が雇われており、有名な歌手の名が告げられるたびに大歓声が上がる。

それを知ったファラハは、「歌手を呼ぶなんて」と父親を非難する。ただし、こちらの会場にいる人々がみな彼女と同じように考えているわけではないことは、作中、次の形で伝えられる。有名な歌手が到着したという情報が隣の会場から届くたびに、何人もの出席者がいてもたってもいられず、席を立ち、慌てて隣の会場に移動するという滑稽な場面が繰り返されるのである。

この作品の描き方にかなりの誇張があることは明らかである。それでもなお、二つの種類の婚宴の対照が意味を成し、この設定が作品のなかで機能しうるのは、「イスラム式婚宴」に対するイメージが観客のあいだにかなり浸透しており、作品の描き方がそれと一致しているからにほかならない。

「イスラム式婚宴」をめぐる議論

こうした現象を、イスラム法学の専門家はどう見ているのだろうか。「イスラム式婚宴」について、エジプトのファトゥワー庁から出されたファトゥワーがあるので紹介したい。掲載の日付は二〇一五年二月三日となっているが、二〇一九年の時点でも、このファトゥワーは繰り返しメディアで紹介されており、「イスラム式婚宴」に対する高い関心が続いていることがわかる。

問：イスラム式婚宴とは何ですか。イスラム式婚宴があると言う人がいるのですが。

回答：「イスラム式婚宴」という語を口にする人がたくさんいます。この語からは負の意味合いが生まれます。なぜなら、彼らが採用する形式でなければ、その婚宴はイスラム的ではないということになるからです。それは正しくありません。

というのも、パーティー、婚宴、記念日の祝い（などの儀礼）は、慣習に従って行なわれるものです。その折ごとに人々がそれに従わなければならない特定の儀式などありません。とはいえ、祝うこと自体は禁止ではないにしても、イスラムが定めた合法性を逸脱した婚宴や祝いというものはあります。たとえば、無節操に男女が入り乱れること、肌の露出、男女が入り混じったダンスを伴う婚宴です。麻薬や酒類を伴うもの、人の迷惑になるような騒ぎや喧騒を伴うもの、下品でわいせつな歌を伴うものも同じです。こうした儀礼はイスラム法的に許されません。それを行なえば宗教的な罪を犯すことになります。これとは別に、イスラム法の規定とイスラムの道徳に適った儀礼もあります。それらは今、挙げた要素がないものです。

結婚であれ、アキーカであれ[37]、イスラム教徒が何らかの機会を祝うとして、その祝い方がイスラム法の禁じるものを含まないのであれば、イスラム法に適っているということになります。しかし、「イスラム式婚宴」と呼ぶのは適切ではありません。神こそ全能なり[38]。

婚宴で守らなければならないことは、常日頃からイスラム教徒が守らなければならないことと同じだとする点では、このファトゥワーもこれまで見たものと同じである。ただこのファトゥワーが一歩踏み込んだ発言をしていると考えられるのは、「イスラム式」という名称に問題があるとしている点である。

なお、「イスラム式」にあたる「イスラーミー（islāmi）」という語は、イスラム法学の用語ではない。コーランでも、この語は一度も使われていない。イスラム復興後に使われることの増えた「イスラーミー」は、他の宗教や文化との差異を意識した語である。[39]「イスラム式婚宴」では、イスラムの教えに従うこと以上に、他の宗教の信徒との差異を際立たせるものが求められているということであろう。

しかしながら、ファトゥワーで明言されていたように、そうした動きがイスラム教徒のあいだに分断を生む可能性は否定できない。このファトゥワーから読み取れるのは、一部の党派的、あるいは独善的な動きに警鐘を鳴らそうという姿勢である。自分たちの解釈だけが正しく、それに沿った実践でなければイスラムの教えに反するとして糾弾する人々は、実はウラマーではなく一般信徒であることが多い。法解釈の方法論について学んでもいない者が聞きかじったことを都合よく取捨選択し、自分の主張をイスラムの名で正当化すること、そしてそうした真似がイスラム教徒のあいだに分断を生むことへの危機感が表明されていると見てよいだろう。

「イスラム式」と名づけることの意味については、もう一つ別の観点からも議論されている。それは、こう名づけられることで生まれる付加価値についてである。イスラム復興後、「イスラーミー」という語はイスラム教徒にとって、直ちに肯定的なイメージを想起させるものとなった。そう呼ばれることで、その商品の市場価値は上がるのである。

一世代前には考えられなかったが、今ではエジプトでもウェディング産業が存在感を示しており、日本と同じように次々と新しい趣向を凝らした商品が売り出される。業者は顧客が望むものを提供しようと躍起になる。「イスラム式婚宴」という商品が売れ筋になりそうだというならば、そうした商品を創り出すということである。

カタルの新聞、ラーヤ紙が二〇一四年に掲載した「エジプト――『イスラム式婚宴』、祝祭の期間に盛んに」という記事を見ると、(40)冒頭の「花婿側に一つ、花嫁側にも一つ楽団を呼ぶと費用は最低五〇〇〇ポンド」といったフレーズが人目を引く。会場が男女で分かれ、この種の婚宴を専門とする一座が歌や踊りを披露する「イスラム式婚宴」が、この当時、年間約七万件行なわれる婚宴のうち約三分の一を占めたという。こうした現象は、エジプトの外でも注目を集めたようだ。

しかしながら、エジプトのドゥストゥール紙に掲載された、こうした婚宴を専門にして活躍する女性グループを紹介した記事を見ると、(41)その衣装の派手さには唖然とするしかない。髪だけでなく顔も隠し目しか出さない「慎み深さ」とは裏腹に、首から上を覆っているのは光沢のある明るいピンクの布で、衣装はというと、上半身はスパンコールが一面にあしらわれ、下半身は頭と同じピンクの布である。機材や会場の飾りつけまで準備し、歌や踊りで女性用の会場を盛り上げるのが彼女たちの仕事だというが、女性しかいない会場でなぜ顔まで隠すのかと首をかしげたくなる。記事でも指摘されているとおり、イスラムの規範とは無縁の、演出と呼ぶしかない不自然さがある。

先のラーヤ紙の記事でとくに注目したいのは、「イスラム式婚宴」の拡大に対するイスラム法の専門家や研究者のコメントである。アズハル大学教授のアーミナ・ヌサイルは、宗教の商業的利用だと断罪する。男女の同席を禁じ、現代風の歌を聴くことや楽器の使用を禁止だと声高に言うのは、単に金目当ての戦略に過ぎないと手厳しい。どのように祝うかは一人ひとりの自由であり、本当はありもしないイスラム的な価値をねつ造することこそもっとも避けなければならない下品な行為であると断言している。イスラムの名を使った新奇な演出で商品価値を上げようとしていることへの批判と言えよう。

アズハル機構のファトゥワー委員会前委員長であるアリー・マフムード・アブール・ハサンもまた、婚姻契約の締結を祝う席でも、婚宴でも、礼儀や道徳は守らなければならないが、「イスラム式」と「非イスラム式」の違いなどないと言う。さらに、イスラム共同体の分断を招くような差別化は許されないとコメントを加えており、先に挙げた「イスラム式婚宴」という名称自体を批判したファトゥワー庁の見解と基本的に同じと言ってよいだろう。

すでに明らかなとおり、一対の男女のあいだに夫婦という新しい関係を完成させるには婚宴が不可欠である。婚姻契約を結び、登録を行なうだけでは社会的には「結婚した」と認めてはもらえない。そのなかで今の若者たちを困惑させるのは、どのような婚宴が正しいのかがわからないという感覚ではないか。

イスラム教徒はどのような婚宴をすべきか、という問いを、五〇年前にいったい誰が発しただろう。それは所与のものであったはずだ。すべてはしきたりに従い、慣習どおりにやればよかった。しかし今や、イスラム教徒として何が正しいのかを自分で見きわめ、結論を出さなければならない状況が生まれている。

第六章　「慣習婚」の再検討の可能性

周縁化される「慣習婚」

婚姻関係を成立させるにあたって、イスラム法の要件を満たすこと、国の定めた手続きに従って登録を行なうこと、そして婚宴によって社会に認められることがそれぞれに持つ意味はすでに確認したとおりである。それを踏まえて、本章では「慣習婚」について考えてみたい。「慣習婚」とは、イスラム法の要件は満たしていながら、登録を行なっていない結婚を指す。この種の結婚について、近年、議論が高まっている。

「慣習婚」は「al-zawāj al-ʻurfī」の訳であり、「ウルフィー婚」とも呼ばれる。「ウルフィー」という形容詞は「ウルフ（ʻurf）」という名詞から派生したものである。「ウルフ」とは、ある地域の慣習、慣行を意味し、イスラム法学の伝統においてある程度尊重されてきた。イスラム法の法源とはされていないものの、一般的には法解釈を行なう際に充分に配慮すべきものと位置づけられ、[1]「公共の利益（maṣlaḥah）」や「不可欠性（ḍarūrah）」という概念とともに、その時代、その地域の状況に合った解釈を可能にするうえで重要な役割を果たしてきたのである。「慣習婚」という名称に否定的な含意があるわけではない。

一九九〇年代に「慣習婚」についての批判が高まり始めたのは、この頃、大学生を中心に都市部の教育を受けた若い世代のあいだで拡大したためである。それまで「慣習婚」は、社会の周縁部で行なわれているものとみなされていたが、それがくつがえされたのであった。「慣習婚」に対する社会的な評価の変化について見ておこう。

一九四七年に公開された「ファーティマ（Fāṭimah）」という映画がある。一九四七年とは、結婚の登録制が導入された一六年後であり、ナセルによる革命の五年前である。つまり、現在の共和制が成立する以前のエジプト王国の時代であった。

この作品は、「東洋の星」と呼ばれエジプトのみならずアラブ世界で君臨し、数々の映画にも出演した歌姫ウンム・クルスームが主役を演じた最後の作品として知られている。ウンム・クルスームが演じるのは、ファーティマという名の貧しい家の娘である。看護婦として働く彼女が患者であった上流階級の若者と恋に落ち、若者の家族の反対を押し切って結婚し、苦難を乗り越え、最終的には幸せを手に入れるというのが大まかな話の流れである。こうしたシンデレラ物語は、当時の大衆映画の定番であった。

意外なことに、この作品では「慣習婚」はまったくと言ってよいほど、否定的な扱いを受けていない。家族の介入を避けるために、若者は「慣習婚」を提案する。登録は、結婚を権利義務関係としか見ない、打算的な人間のすることであるのに対して、「慣習婚」は男女の純粋な愛情によって成立するものだと若者はファーティマに熱く語る。ロマンティックな恋愛から生まれる結婚こそが結婚のあるべき姿だという、「近代的」な結婚観が広がりつつあったということであろうか。

「慣習婚」に対する現在の批判の高まりを考えると、世間知らずの娘をだまそうとする若者の策略かと勘繰りたくなるが、そうとは言えないことが次の場面からわかる。「慣習婚」という聞き慣れぬ言葉を耳にしたファーティマが町内一の知識人に相談すると、その人物は「間違いなく結婚だ（al-zawāg lā shakka fīh）」と答える。ファーティマがさらに「ハラール？　それともハラーム？」とたたみかけると、「たしかにハラールだ（yaqīnan ḥalāl）」だと断言するのである。ハラールとはイスラム法上許された行為、ハラームとは禁止された行為を指す。

重要なのは、ファーティマの相談を受けたこの人物が「ウスターズ」という敬称で呼ばれている点である。ウラマー、つまりイスラム諸学を修めた知識人には「シェイフ」という敬称が使われるのに対し、「ウスターズ」はいわゆる近代的な学問を修めた知識人の敬称である。この人物がスーツにネクタイ、そしてトルコ帽という、近代的教育を修めた当時の知識人に特有の服装をしていることもそれを物語る。イスラム法にしか通じておらず、新しい法律に通じていなかったがゆえにこう答えたわけではない。

つまりこの作品の時代には、結婚を登録するのは、法律上の有効性を確保して、自らの権利が脅かされた場合に裁判に訴えることができるようにするためであり、イスラム法の要件を満たしてさえいれば結婚は成立するという見方が充分に通用していたのである。実際、作品のなかで二人はファーティマの家族や近隣の人々の祝福を受けている。

しかしながら、こうした見方は一九六〇年代になるとかなり後退する。一九五二年の革命を経て、ナセルの指導の下、エジプトが新しい国造りに向けて邁進していたこの時代、「慣習婚」がどのように考えられていたかを示す良い資料がある。それは、一九六二年に出された『家族とアラブ社会――イスラム法と法律のあいだで』という一〇〇ページほどの小さな本である。ある裁判官によって書かれたもので、当時のエジプトの文化国民指導省から出されている。正しい結婚、正しい家族のあり方を一般の読者に説いた啓蒙書という位置づけになろうか。同書から「慣習婚」に触れた部分を紹介しよう。

今日よく知られた、マーズーンによって公証を受けた結婚のほかに、公証を受けていないもう一つの結婚があり、これは慣習婚として知られてきた。一部の階層やベドウィン、つまり遊牧民の諸部族のあいだに広がっているもので、イスラム法の要件を満たしていればそれは正しい。しかしながら、(その結婚が)否定された場合、法廷に訴えることはできない(2)。

先に紹介したアフマド・シャラビーも、一九六八年に初版が出された著書のなかで、結婚に関するイスラム法の手続きについて簡単に説明したあとで次のように記している。

しかしイスラムの国の多くで、法律は次のように定めている。結婚はマーズーンという専門の職員の手によって作成される公的な文書をもって成立する、と。この文書が存在しなければ、生活費、親子関係の認定など結婚に関わる申し立てがされても審理の対象とはならない。公的な文書のない結婚、つまり一般に慣習婚と呼ばれるものは——たとえイスラム法的には正しいとしても——家族の安定も、子供たちのための保障ももたらさない。穏やかで幸せな生活を望んでいるのであれば、人々はそれに向かうべきではない[3]。

最初の引用では、「慣習婚」は「一部の階層」と「ベドウィン、つまり遊牧民」のあいだで見られるもの、要するに一部の「遅れた」人々が今なお行なっているものとされている。農村などで子供の早い結婚を望む親が、法の定める婚姻適齢に達する前に子供を結婚させる場合、まず「慣習婚」の形をとることは依然としてあるにしても、都市部に生活する教育を受けた階層ではこうした結婚はもはや消えつつあるという了解があるのである。

もう一つ注目すべきなのは、「イスラム法の要件を満たしていればそれは正しい」、「たとえイスラム法的には正しいとしても」という言い方がされ、「慣習婚」がイスラム法的には正しいことが認められている点である。それを否定することは誰にもできない。そのうえでなお「慣習婚」は国家の庇護を受けられないがゆえに危うい結婚であり、避けるべきだと主張されている。人々を庇護するのは一族の長でもなければ、地域共同体の重鎮でもなく、国家にほかならないという前提の下で、「慣習婚」は消えゆくものという扱いになったのである。

「慣習婚」の復活

しかしながら、「慣習婚」が消えることはなかった。現在、「慣習婚」がどれほど注目を集めているかは、一九九〇年代末から、「慣習婚」について論じた本が数えきれないほど刊行されていることからもわかる。(4)

カイロ大学から二〇〇四年に出された『慣習婚――その現実と心理的、社会的影響』によれば、(5)エジプトでは大学生を対象にした「慣習婚」についての調査が数多くなされているという。二〇〇〇年にアレキサンドリア大学の学生一〇〇人を対象にして行なわれたアンケート調査「慣習婚という現象についての若者の意識調査」をはじめ、この本に取り上げられたものだけでも、二〇〇〇年から〇三年のあいだに一〇件もの調査が行なわれている。

二〇一六年四月にはカイロ大学で、「慣習婚」の撲滅を目標とし、「私は正式に結婚する(hatgawwiz rasmi)」というスローガンを掲げたシンポジウムが開催されている。(6)「正式に」と訳した「rasmi」の語は、英語の「official」に相当し、求められているのが登録であることは明らかである。大学生をはじめとする若者のあいだでの「慣習婚」の広がりを前に、それほど危機感が高まっているのである。

では、消えゆく運命にあると思われた「慣習婚」がなぜ、若者のあいだで拡大しているのだろうか。まずは、今日の「慣習婚」について具体的に見ていくことにしよう。

一般的には、友人などを二人、証人として立ち会わせて婚姻契約書を作成し、その写しを双方で保管する。この手続きにマーズーンが関与せず、登録しないがゆえに、この結婚は「慣習婚」となる。

ハナフィー派によれば、成人であれば女性も後見人なしで結婚することができるのはすでに触れたとおりである。イスラム法において成人とは性的に成熟している者を指すので、大学生が父親などの後見人を立てずに結婚したとしても、イスラム法の見地からすれば支障はないということになる。

エジプト社会を震撼させたのは、かつての「慣習婚」とは異なり、登録しないばかりか、家族にすら知らせないという選択を若者たちがし始めたことであった。農村部などで、法律で定められた年齢に達しない子を結婚させようとする親がまず「慣習婚」をさせることは、眉をひそめられることはあってもスキャンダルという扱いにはならない。また、軍人の寡婦が再婚する際に「慣習婚」を選ぶことについては、ある意味で賢明な選択とみなされる傾向すらある。軍人の寡婦は優遇され高い年金を受け取っているが、別の男性と再婚すると新たな「庇護者」を得たとみなされその特権が失われるからである。

エジプトにおける結婚は、基本的に家族、親族を挙げてのプロジェクトであり、単なる個人の嗜好の問題ではない。一般社会で問題視されるのは、国家に対する秘匿ではなく、家族に対する秘匿である。

結婚を望みながらも、何らかの理由で家族の了承を得られない若者たちがこの形を選ぶという。若い世代の置かれた経済的な窮状が、この傾向に拍車をかけていることは間違いない。今や「慣習婚」ということばを聞くと、登録をしないことよりも、家族に知らせないことがその特徴として思い浮かぶ。

家族に隠しているとすれば当然であろうが、若者たちのあいだに広がる「慣習婚」では、「結婚」後も両者は同居せず、経済的にも独立した状態を継続することが多いという。これまで一般に「慣習婚」を否定する理由として挙げられたのは、法律上無効であり、二人のあいだに問題が生じても法的手段に訴えることができないという点であった。子供ができた時点で、「夫」であるはずの男性が「結婚」自体を否定する、父子関係を否認し扶養の義務を果たさない、といった例が「慣習婚」の行きつく典型的な悲劇として挙げられることが多かった。

しかし、現在「慣習婚」に対して危機感が抱かれている理由は、それだけではないのではないだろうか。なぜなら、今、盛んに取りざたされている「慣習婚」は、これまで考えられなかった関係を「妻」と「夫」のあいだに創り出しているとも言えるからである。結婚とは、両者が生活を共にし、扶養の義務を負う夫と服従の義務を負う妻という関係を結ぶことである、という大前提がくつがえされる可能性が生じているのだ。

庇護する者、庇護される者という関係の揺らぎ

法的に無効であるがゆえに「慣習婚」は間違っている、という論理に説得力を与えるのは、――夫に服従する義務ではなく――夫に庇護される権利、扶養される権利という妻の権利の強調であり、その権利の行使を保障する国の力に対する確信である。しかし、それはいったい、どれほどエジプト社会の現実に合致しているのだろうか。夫は妻を庇護し扶養しているのか。それがなされないとき、妻は法的手段をとることで自らの権利を守ることができているのか。

この問いに否と答えることが予想されるのは、立場をまったく異にする二種類の女性たちである。一つは、夫に扶養されることを望んでもそれがかなわない女性たちである。

二〇一七年の八月四日、エジプトの公的機関である国家情報サービスのウェブサイトに掲載された記事を見てみよう。タイトルは「家族を養う女性の経済的なエンパワーメン

ト」であり、いわゆる「女手一つで」家族を支える女性に対する国家の支援が始まることが大々的に宣伝されている。マイクロファイナンスの導入と拡大により女性の起業家育成を目指す、「エジプト二〇三〇」と呼ばれる大統領肝いりの政策である。

注意してほしいのは、家族を養わなければならない女性は同情に値するという書きぶりとともに、現実には女性が主たる家計支持者である世帯がかなりの割合を占めているという事実が認められている点である。非常に長い記事なので、冒頭のみを紹介したい。

エジプトの女性はさまざまな分野で、そしてこれまでに従事してきたすべての領域で、責任を担う能力があることを証明してきた。「エジプト二〇三〇」の持続可能な開発戦略では女性の問題が全面的に取り上げられる。そのトップに置かれているのが、女性の経済的なエンパワーメントの推進であり、これは女性の就労率の引き上げ、女性のための小規模企業の四五%増大、女性の貧困率〇%を達成することによって可能になる。シーシー大統領は、自らの任期中に、家族を養っている女性、年老いた女性、もっとも困窮度の高い女性の権利の保護に取り組むことを強調している。実に、エジプトの家庭の三〇%が女性によって養われている。(7)

女性の問題を中心に活動するあるＮＧＯも、二〇一四年に寡婦あるいはシングル・マザーによって支えられている世帯は、エジプトの全世帯の三六％にのぼると報告している[8]。それだけではない。夫がいても充分な生活費を妻に渡さない、新しい妻を娶り以前からの妻とその子を顧みないといった例は枚挙にいとまがない。結婚が登録されているのであれば裁判を起こせばよいと思われるかもしれないが、それには途方もない時間と手間がかかる。現実には、扶養される者として生きることなど夢物語であり、扶養する者として生きていくしかない女性が少なくはないのである[9]。

これとは逆に、充分な収入を持ち経済的に自立できる女性たちにも、妻の権利を守る、という言説は空虚に響く。現在のエジプトでは、高等教育を終え、専門的な職に就く女性が増えている。意外に感じられるかもしれないが、二〇一八年に発表されたユネスコの統計によると、研究職に就く者のうち女性が占める割合は、日本が一五・七％であるのに対して、エジプトは四四・一％である[10]。ビジネスや政治の世界でも、成功する女性は少なくない。エジプトの女性閣僚は二〇一九年の時点で八名に及び、日本をはるかにしのぐ。エジプト社会全体からすればまだ少数派であるにしても、こうした女性には、夫による扶養と引き換えに夫への服従を求める法律が足かせにしか見えないのは当然であろう。

このように見てくると、従来、正しい結婚やあるべき夫婦関係と考えられてきたものが、さまざまな意味で現実と合わなくなっている可能性は否定できない。一部の若者が性欲を満たすことだけを目的として無責任に「慣習婚」を選んでいるという批判は、完全な的外れではないとしても、それだけですべてを説明することはできないのである。

ある研究書で取り上げられた例を紹介しよう。[11] 二〇代後半のアマーニーという女性はホサームと「慣習婚」をしている。二人が「慣習婚」を選んだのには理由がある。二人は出会うとすぐに恋に落ち、ホサームはアマーニーの親を訪ねて結婚の許しを得ようとした。しかし、アマーニーの親はそれを拒否した。アマーニーによれば、その最大の理由は、アマーニーは大学を出て良い収入を得ているのに対し、ホサームは収入が少ないからだという。二人は三年をかけ、さらに二度アマーニーの親の承諾を得ようと試みるが、すべて失敗に終わった。その結果、二人は「慣習婚」を選択したのであった。

夫の収入が少ないことは、経済力のある彼女にとって何ら問題ではない。アマーニーは、ホサーム以外の男性との結婚は考えられないと言う。しかし、家族の意志を無視して婚姻契約を結び、正式に登録するという大胆さは彼女にはなく、次善の策として選んだのが、家族に知らせない「慣習婚」であった。

彼女は、最近の「慣習婚」に対する批判の広がりを受け、自らの選択が正しかったのか不安を覚えつつあると率直に認めている。しかしながら、彼女が何年もかけ、熟慮のうえでこの結婚を選んだことは確かだろう。相手の男性に騙されたわけでもなければ、一時の感情の高まりに流されたわけでもない。彼女にとって、「慣習婚」だけが親の意志に反してでも自分の選んだ相手を伴侶とすることを可能にしたのだった。

イスラム法に反してはいないが社会的には問題視されるような結婚、その意味において変則的とも言える形態の結婚が広がっているのは、実はエジプトだけではない。サウジアラビアなどアラビア半島の国々で知られる「ミスヤール婚」もその一つである。[12] これも新奇な結婚の形態というわけではなく、かつて一〜二カ月ごとに町から町へと移動するような商人が採っていた結婚の形態であるようだ。しかし今、「ミスヤール婚」が関心を集めているのは、そうした特殊な生活様式を持つ人々に限られた結婚ではなくなりつつあるからである。「ミスヤール婚」もかならずしも同居せず、男性が扶養の義務を負わないという点で、昨今のエジプトの「慣習婚」と似たところがある。

サウジアラビアで出されている英字紙、アラブ・ニュースに、二〇〇五年、「幸せなミスヤール婚」という記事が掲載された。[13] この記事に登場するのは、シャディンという女性とウマルという男性である。「ミスヤール婚」をしてすでに六年になるが、二人の関係はとてもうまくいっているという。二人の結婚は、家族にも認められている。結婚前から、二人はそれぞれ事業に成功していた。婚期が遅れてもウマルがシャディンに出会うまで結婚しなかったのは、花嫁候補として紹介される女性がみな、自分の経済力にしか関心を示さないことにうんざりしていたからだという。一方、自らも経営者であるシャディンは、伝統的な形で結婚をして、仕事の継続はおろか、外出するにも夫の許可が必要となることなど受け入れられず、一般的な結婚には何の魅力も見出せなかった。そうした二人が出会って恋に落ち、それまでどおり別々の住居を持って、毎週訪ね合う形で結婚生活を送ることになったのである。

また、シーア派が支配的なイランでも、「シーゲ」あるいは「ムトゥア婚」と呼ばれる結婚が増えているという。「シーゲ」あるいは「ムトゥア婚」とは、契約締結の時点で婚姻関係の期間を定め、いつ解消するかを最初に決めておく結婚であり、シーア派でのみ許されている。「一時婚」と訳されることもあるが、期間は九九年間まで設定しうるし、実際にはあとになって通常の永続的な結婚に移行することも少なくない。

モロッコの事例と比較する形でイランの結婚について論じたミール＝ホセイニーによれば、イランでは夫よりも収入の多い女性が増え、従来の性別によるロールモデルが現実と乖離し、社会から求められる理想の結婚像は経済力のある女性の求める結婚からかけ離れたものになっているという(14)。そのうえでこの一時的な結婚の特徴について、次のような指摘がなされている点は注目に値する。婚姻契約に明記していない限り、妻は扶養される権利を持たないが、その一方で、家から出ることについても、仕事を持つことについても、夫の許可は必要なく、その点で妻は大きな自律性を持つというのである(15)。

これらの結婚は、扶養に関する女性の権利を保障しないことから、隠ぺいされた姦通などと非難されることもある。しかし、事実がそれほど単純ではないことはすでに明らかであろう。女性の権利を奪うという非難が成立するには、女性は弱者であり、夫の庇護を必要としているという大前提がなければならない。しかしこの大前提は現実と乖離し、説得力を失いつつあるのではないだろうか。

ジェンダー研究を専門とするハッソは、「慣習婚」について論じた著書のなかで、カイロ大学の学生に聞き取りを行なった際の次のようなエピソードを紹介している。

二〇〇八年に大学生を対象にして行なった聞き取り調査では、秘密裏の（婚姻）関係について多くが肯定的なコメントをした。それを家族への反抗であり、さらには「西洋型」にも「エジプト型」にも従わない「第三の道」と呼べるものであるとみなしたのである。保守的な者、リベラルな者、ラディカルな者など、思想的にも多様な学生たちであったが、彼らはみな今よりも多くの選択肢を望み、自分で決める機会を求めていた。そこには結婚、そして性的な問題も含まれる。彼らは、夢、価値観、思想的枠組みを上の世代に押しつけられるのではなく、自分たちの将来について新しい可能性を探したいと考えていた(16)。

これまで正しいと信じられ、社会を動かしてきた規範が、日常的な経験に齟齬をきたすとき、そしてその結果あまりにも頻繁に変則的な事態を発生させるとき、その規範への信頼性が揺らぐことは避けられない。

社会の変化とイスラムという軸

結婚をめぐるこうした論議の背後には、社会の変化の速さがある。少し古い数字になるが、ニューヨークに本部を置く研究機関、ポピュレーション・カウンシルが一九九七年に行なった「エジプトにおける青少年と社会変化」という調査によれば、一六歳から一九歳の若者の四分の一が自分にとってのロールモデルを示せなかったという(17)。誰かを挙げることができた場合にも、四〇%以上が親以外の人間であった。親も子も高い教育を受けた家族の場合、親をロールモデルにする傾向があるが、子の教育水準が親よりも高い社会的に過渡期にある家族では、親がロールモデルになりえないのは当然であろう。二〇世紀後半から急激に教育の機会が拡大したエジプトでは、後者の割合が非常に高い。二〇一二年にＩＬＯによって行なわれた調査によると、エジプトでは大学卒など高校卒よりも上の学歴を持つ若者でも、その父親は二五・三％が、そして母親はなんと三八・九％がまったく正規の教育を受けていない[18]。

都市部に暮らす高校卒業以上の学歴を持つ女性のあいだではとくに、親の世代とは異なる結婚観が観察されるという。こうした女性たちには、親の命ずるとおりに結婚し、親と同じようなプロセスを経て自分の家族を持つことが自分の幸せや成功につながるとは思えなくなっているのである。当然のことながら、自己決定志向は高くなる。この傾向が進めば、結婚について家族の承認が持っていた決定的な意味が揺らぐ可能性も否定できない。

さらに女性について言えば、教育水準に関する男女差が解消されつつあることも、意識の変化につながっていると考えられる。

まず識字率を見ると、男女差は急激に縮まっている。一八九七年の段階では、エジプト全体の識字率は五・八％であり、男女別に見ると男性が八％、女性が〇・二％であったのに対し、一九三七年には全体で一七・一％、男女別では男性が二四・七％、女性が九・五％に上がっている。四〇年間で全体として約三倍に上昇している点も注目に値するが、とくに見ておきたいのは、一八九七年において識字人口の男女比は約四〇対一だったのに対して、一九三七年には二・五対一と劇的に差が小さくなったという点である。[19]

この傾向はさらに進み、二〇一七年のユニセフの統計によれば、識字率は男性を一〇〇とした場合、女性は八一である。[20] 一五歳から二四歳という若い世代に限定すると、男性の識字率が九四％であるのに対し、女性は九〇％となる。つまり男性を一〇〇とすると女性は九六となり、さらに差が縮まっているのである。

高等教育に話を移すと、二〇一九年にエジプトの中央動員統計局から出された統計によれば、[21] 二〇一六年年度に大学を卒業した者の性別による内訳は、私立大学では男性五〇・二％、女性四九・八％とほぼ同じであるものの、国立大学では男性四三・四％、女性五六・六％と女性のほうが多い。

以前と比べれば、女性も差別されることなく、教育を受けられるようになった。しかしながら、社会が女性に期待するのは結婚すること、「身分法」が明記するとおり夫に服従し、夫に扶養される妻になることであり、学歴に見合った職に就き社会で活躍することではない。さまざまな分野で活躍する女性たちは、それにもかかわらず社会進出に成功した例と言うべきであろう。[22]

その一方で、男性は妻と子を扶養する義務があるというが、現在の経済状況では、平均的な若者が自分一人の収入で家族を養うのは容易ではない。しかしそれができなければ、一人前の社会の成員とは認められないのである。

若者たちが何重もの矛盾のなかに置かれている様子が浮かび上がってくる。社会問題としての結婚難とは、結婚できず庇護者を持てない女性の問題ではなく、実は男女を問わず、現実と乖離した社会通念に自らの人生を合わせることができない若者たちの問題と見るべきであろう。

こうした状況を前に、ウラマーたちはどのような発言をしているのであろうか。ここでは「慣習婚」について、ウラマーが何と言っているのかを見ておきたい。「慣習婚」はイスラム法の要件を満たしていると説明したが、実際、影響力のあるウラマーのなかに、何らかの留保を付けつつも、「慣習婚」をイスラム法的に問題なしとする者が存在する。

もっとも有名なのは、当時エジプトのファトゥワー庁のトップに立っていたアリー・グムア（一九五二〜）であろう。彼は二〇一四年一〇月二一日、衛星放送テレビ局CBCの「神は全知なり」という番組で、イスラム法上必要とされる結婚の「柱」について説明したうえで、これらの要件を満たしていれば、マーズーンの手を介して婚姻契約書が公正証書にされていなくても、さらには社会的には問題があるとしても、イスラム法的には合法な結婚であると明言し、一般社会から大きな衝撃をもって受け止められた。

しかし、彼の見解はけっして例外的なものではない。ニュアンスの差はありながらも、

「慣習婚」をイスラム法的には是とするウラマーは少なくなかった。そのなかに、スンナ派でもっとも著名なウラマーの一人であり、カタルで活動するエジプト出身のユースフ・カラダーウィー（一九二六〜）がいる。彼は一九九八年、「アラブのCNN」と言われるアルジャジーラ・テレビの看板番組「イスラム法と生活」のなかで、「ミスヤール婚」に関して基本的には「慣習婚」と同じ性格を持つと説明したあと、この種の結婚はイスラム法的に問題ないと発言している。

　興味深いのは、カラダーウィーが個人的にはこのような結婚を勧めはしないと言いつつも、「神が許したものを禁じることはできない」「イスラム法的に許されること（mubāḥ sharʿīyan）と社会的に受け入れられること（maqbūl ijtimāʿīyan）は異なる」とし、「イスラム法学者は人々を満足させるようなことを言うのではなく、宗教を大切にし、神を畏れなければならない」と語っている点である。[23] ウラマーではないが、現代風の語り口でイスラムを説くことで人気のある説教師、アムル・ハーレド（一九六七〜）が、世間の常識に合わせて「慣習婚」を否定しているのとは対照的である。[24]

　こうした現象は意外に感じられるかもしれないが、実はウラマーたちがイスラム法学の専門家としての信念を貫いた結果にほかならない。ウラマーの使命とは、社会的な常識とも国家の論理とも一線を画し、自律性を持って、イスラム法の専門家として発言することだというカラダーウィーの発言の重要性はどれほど強調しても足らない。

若者たちが国家の論理に納得できず、さらには社会の常識に従って生きることも承諾しがたいと感じたとき、彼らにはイスラムの論理という別の拠り所がある。「慣習婚」は国家の要請に応えないものであり、社会通念からも外れている。しかし、グムアやカラダーウィーのようなウラマーたちによれば、それはイスラム法の見地からすれば間違いなく結婚なのである。

むすびにかえて

本書の冒頭に挙げたのは、エジプトで結婚できない／しない女性が社会問題となるのはなぜなのか、という問いであった。この問いに答えることは、容易に思われたかもしれない。エジプトやその周辺の国々についてある程度知っている人であれば、イスラム教徒だから、家父長的な社会だから、と答えたくなるのではないだろうか。そうした説明は、たしかに見当違いというわけではないが、一つの重要な視点が欠けている。

男性は女性を庇護しなければならないと主張するのも、女性はベールを着けるべきだと訴えるのも、コーランの再解釈を求め、女性の権利を拡大しようと声を上げるのも、血の通った人間である。私たちと同じように、意味のある人生を送ることを願い、周囲の人々から敬意をもって遇されることを求める彼ら、彼女らの顔を思い浮かべずに議論することは、避けなければならない。

イスラムは「言説的伝統」だというタラル・アサドの指摘を思い出してほしい。神のことばと預言者ムハンマドの慣行への絶対の信頼をもとに、共有されたルールのなかで討議を重ねていくこと、それがイスラムである。そして当然のことながら、その討議は特定の状況に生きる人々の記憶や経験に基づいてなされる。このことを忘れてはならない。

外部者である私たちがしなければならないのは、「真の」イスラムとは何かを解き明かすことではない。それは、イスラムの信仰を持って生きる人々の手に委ねるべき事柄である。繰り返しになるが、私たちにとって重要なのは、一つひとつの議論の背後にあるものを丁寧に追っていくことである。あの人物が、あの状況で、あの発言をしたのはなぜなのか。その人物はそのとき、聴衆と何を共有していたのか。すでに明らかであろうが、「ベール」ということばから想起するさまざまな事柄、「ベール」について共有された多くの記憶を抜きにしては、なぜ彼ら、彼女らがあれほどまで真剣に「ベール」について語るのかがわかるはずはない。

少し話が飛躍するようだが、実は同じことが「イスラム」ついても言える。このことばから連想されるものもやはり、変化するのである。「イスラム（islām）」という語は、元来、「帰依」を意味する普通名詞である。しかし歴史的な経緯のなかで、「イスラム」は、ムハンマドという預言者によって西暦七世紀に始められた一神教を指す固有名詞として使われることのほうが多くなった。同じ系譜の一神教でありながら、ユダヤ教ともキリスト教とも異なる宗教を意味する語となったのである。近代以降、エジプトが似非西洋となるのではなく、長い歴史と固有の文化を持つ国であることを担保する役割をイスラムが担うことになったのは、この流れを受けたものと見ることができるだろう。

しかしながら、近代化／西洋化が進むなかで、イスラムの力が及ぶ範囲は着実に縮小し続ける。とりわけ法制度において、それは誰の目にも明らかであった。人間のすべての経験に関与するはずのイスラム法が、結婚をはじめとする家族に関わる私的な領域に適用を限定されていく。こうして、「身分法」について論じることがイスラム法について論じることと同義になり、「身分法」によって支えられたジェンダー化された社会のありようこそが、エジプト社会にイスラムの教えが生きていることの証左だという了解が生まれた。

妻子を養い庇護する夫、夫に従い家を守る妻という家族像が、イスラムの名において聖性を帯びる。こうした家族が社会の基礎となることで社会全体のイスラム性が保証される、という言説が支配的になる。だとすれば、結婚できない／しない女性は、こうした論理を無意味にする危険な存在でしかない。

繰り返しになるが、イスラムは男性支配をよしとする宗教であるから家父長的な社会を生み出す、アラブ文化はそもそも女性を差別する文化だからイスラムと親和性がある、といった本質主義的な物言いは絶対に避けなければならない。それは思考停止と同じである。

アラブの家族はアラブの家父長的な社会の縮図であるという指摘はこれまでも繰り返しなされてきたが[1]、実は日本にもかつて、「オールドミス」という語が当たり前のように使われ、結婚しない女性たちが冷笑された時代があったことを忘れてはならない。女学校を出て「職業婦人」となり、結婚しないことを選択する女性は、良妻賢母となることを拒む者とみなされ、家父長的な家族制度を揺るがす「非国民」の扱いを受けた時代があったのである[2]。イスラムが支配的であろうとなかろうと、家父長的な社会である限り、女性は男性に庇護されるべき者となる。

コーランを読んでいると、西暦七世紀の人々に向けて語られたものなのかと驚くほどに、男性と女性を平等に扱っている一節に出会うことがある。代表的なのは、次の一節である。

> 本当にムスリムの男と女、信仰する男と女、献身的な男と女、正直な男と女、堅忍な男と女、謙虚な男と女、施しをする男と女、斎戒（断食）する男と女、貞節な男と女、アッラーを多く唱念する男と女、これらの者のために、アッラーは罪を赦し、偉大な報奨を準備なされる。（三三：三五）

ライラ・アハメドのことばを借りると、イスラムには、固有の平等主義的なジェンダー観がある。しかし同時に、制度化した結婚のなかに埋め込まれた男女間の階層的な関係がイスラムの名において正当化されることで、ある種の緊張関係が生まれたのだという(3)。すでに見たとおり、二〇世紀の初頭から本格化した近代化/世俗化の過程を経て、エジプト社会は大きく変化した。近代国家の登場によって、国家がイスラムを支配する構造が誕生したことは否定しようもなく、そのことがエジプト社会における「正しい」結婚をめぐる語りを錯綜させていった。かつて自明のものであった「正しい」結婚についての理解が揺らいでいく。「正しい」結婚とは、国家の承認を得たものなのか、家族をはじめとする周囲の人々によって承認されたものなのか、それともイスラム法の求める要件を満たしたものなのか。あたかも、「正しさ」には三つの基準があるかのような状況が生まれた。

しかしながら意外にも、人々は翻弄されるどころか、自在に対応しているようにも見える。人々は国家の承認を一番先に放棄する。適齢に満たない子を「結婚」させるとき、軍人の寡婦が「再婚」するときに登録しないこと、それを人々が黙認していることについてはすでに述べたとおりである。国家の裏をかくように、人々は見事なまでに実利を重んじた選択をする。

家族による承認を得ること、イスラム法の要件を満たすこと、の二つについてはどうだろうか。おそらく一世紀前のエジプトであれば、この二つを分けて考える人などほとんどいなかったのではないかと思う。家族がイスラムの教えに反した結婚を承認するはずがない、そして家族に認められない結婚をすることがイスラムの教えに適っているはずなどない、と考えられていたのではないだろうか。代々、その土地で受け継がれてきた結婚の手続きに疑いをはさむこともなかったはずだ。

家族、親族のつながりを大切に思う気持ちは、今もどこか、イスラムの信仰と重なるものと捉えられているように思われる。だからこそ、家族に秘匿した「慣習婚」の広がりが、宗教教育の不備、若者たちの宗教心の低下によるものと説明されたりするのだろう。しかし、こうした説明にはあまり説得力がない。なぜならば、それでは若者たちがなぜ、性交渉を含めた自由な恋愛関係を望むのではなく、あえて証人を立ち会わせ、婚姻契約書を作成するかを充分には説明できないからである。国家による承認、社会的な承認の可能性は捨てても、イスラム法には従おうとした、と解釈するほうが適切なのではないか。

同じように、新しい「イスラム式婚宴」に関心を寄せることを、流行に乗った浅はかな真似と退けることも慎むべきであろう。政治的なイスラム、イスラム主義的な言説の影響という単純な説明もやめておいたほうがよい。どれほど政治的な意味を帯びようとも、結婚が一人の人間にとって大きな意味を持つことに変わりはないからである。一人の人間の生を左右するのはもちろん結婚だけではないが、結婚は当人の意志に委ねられる部分が大きいがゆえに、熟慮の対象となる。若者たちは自らの結婚をイスラムの規範に適ったものにすることで、自らの生き方を正しい、誇りに満ちた、意味あるものにしようとするのである。

タラル・アサドの言う「言説的伝統」に何らかの変化が起きているとすれば、それはウラマーや為政者だけでなく、市井に生きる一般信徒も討議に参加するようになったことであろう。もちろん、女性たちも例外ではない。本書に登場した女性たちは、そのうちのごく一部に過ぎない。結婚についてさまざまな変化が生まれているのは、多くの人々が結婚についての討議に加わっているからにほかならない。そしてこうした現象は、エジプト社会に限られたことではもちろんない。

エジプト以外の例の一つとして、二〇一七年にマレーシアを訪れた際に見聞きしたことを簡単に紹介しておきたい(4)。マレーシアは、インドネシアと並んで東南アジアのイスラムを代表する国であるが、エジプトのようなアラブの国とはかなりの違いがある。まず、マレーシアは多民族国家であり、宗教的にも多様であって、イスラム教徒であるマレー系は人口の六割程度に過ぎない。さらにマレーシアのイスラムの歴史は、エジプトと比べてはるかに短い。

エジプトとマレーシアのあいだにこうした違いがあるとすれば、結婚に関する慣習が異なっているのも当然であろう。実際、現地の「契約式」で、婚資として額装された現金が披露されているのには驚かされたし、三〇センチほどの串にラッピングしたゆで卵と造花などの飾りをつけたブンガ・テロールというものを出席者に配るという慣習についてもはじめて知った。

とはいえ、より根本的なところでは、エジプトと同じような変化が起きていると感じることが少なくなかった。もっとも関心を引いたのは、ブルサンディンと呼ばれるマレーシアの婚宴では、新郎新婦に水をかけて祝福するという慣習がかつてあったが、最近は行なわれなくなったという話である。イスラム以前に遡ると思われるその土地固有の慣習とイスラムの教えに基づく実践を峻別し、前者を排除しようという意識の表れであろう。

また最近ではイスラム教徒の花嫁はマレー風の衣装を着け、西洋風の純白のウェディングドレスを着ることはなくなったという話にも興味を引かれた。エジプトと同じく、西洋的なものへの追随をやめ、マレー風の衣装にイスラム教徒らしさを求めたということであろうか。ちなみにマレーシアでも、女性たちがベールに回帰していったのは一九八〇年代のことである。

宗教の存在感があまりにも小さい日本で生活していると、一つひとつの実践をイスラムの教えに照らし合わせるエジプトやマレーシアの人々の生き方は息苦しいものに見えるかもしれない。しかし、一定のルールや約束事があることは、新しい一歩を踏み出すためのしっかりとした足掛かりにもなる。イスラム教徒として大原則を共有しているからこそ、それを出発点として、ともに議論し、ともに新しい道を模索することができるのである。

「結婚したい」という、これ以上ないほどにストレートなタイトルのテレビドラマと出会ったことがきっかけで、エジプトを舞台に、イスラムと結婚について追いかけ始めた。しかしその追いかけっこは思いもかけぬほどやっかいで、途中で投げ出したくなることもあった。ゴールに近づいたと思いきや、またゴールは遠のく。「そもそも結婚って何？」と頭を抱え込んだことは数知れない。それでもなんとか続けられたのは、自分の思い込みの数々に気づかされるという意味で、この作業がこのうえなく刺激的だったからだろう。

エジプトの人々の結婚の周辺にはあまりにも多くの実りが広がっており、その豊かさをうまく伝えきれているか、自信はない。人間を突き動かすイスラムの力強さ、そしてそのイスラムに生命を吹き込み続ける人々の姿を、結婚というレンズをとおして、本書が少しでも描けていればこれ以上の喜びはない。

註

はじめに

（1）ラマダーン月の様子については、［八木 2015］を参照されたい。

（2）［Ghādah ʻAbd al-ʻĀl 2008］。その後、英語、イタリア語、ドイツ語、オランダ語、フランス語に訳されている。英訳は［Abdel Aal 2010］。

（3）［Ghādah ʻAbd al-ʻĀl 2008: 11-12］。

（4）［トッド＆クルバージュ 2008］。この本のフランス語の原題は Le rendez-vous des civilisations であり、ハンチントンの『文明の衝突』に対する批判であることは明らかである。

（5）［Eickelman 1987］。

（6）［Asad 1986］。

（7）アズハルとは元来、一〇世紀に建てられたモスクの名称である。イスラム圏では一般的な現象であるが、このモスクも礼拝の場所であると同時にウラマーの卵を育てる教育の場ともなり、のちにその機能を拡張した学院が敷設された。一九六一年、学院は近代的な大学組織に再編成されて「アズハル大学」となり、アズハルモスク、イスラム研究院、ファトゥワー委員会などとともにアズハル最高評議会の下に置かれることになる。本書では、これら全体をアズハル機構と呼ぶことにする。

第一章　結婚できない若者たち

（1）エジプトの中央動員統計局の数字によると、エジプトの婚姻率、つまり人口一〇〇〇人あたりの婚姻件数は二〇一一年と一二年がともに一一・二であり、一三年が一〇・七である。一四年には一一・〇と少し戻しているが、その後は一五年は一〇・九％、一六年は一〇・三％、一七年は九・六％、そして一八年は九・一と下がり続けている。https://www.capmas.gov.eg/Pages/IndicatorsPage.aspx?page_id=6135&ind_id=1097

以下、ウェブサイトについては、最終閲覧はすべて二〇二〇年二月八日である。
（2）［Hoodfar 1999: 266］。
（3）［Assaad, Krafft and Rolando 2017: 10］。
（4）https://dailynewsegypt.com/2018/05/08/buying-apartment-no-longer-obstacle-marriage-many-egyptian-youth/
（5）https://egyptindependent.com/unemployment-rate-increases-by-0-3-in-q3-capmas/
（6）参考までに、世界各国の世帯構成に関する国連の統計によると、一人世帯の割合は、日本が三二％、アメリカが二七％であるのに対し、エジプトは六％である。［United Nations 2017］。
（7）https://www.cia.gov/library/publications/the-world-factbook/geos/eg.html
（8）［Akram Riḍā 2005］［Maḥmūd ibn al-Jamīl 2002］［Ijlāl Ismāʻīl Ḥilmī 2016］［Muḥammad ʻAlī al-Fār 2008］［Aḥmad ʻAbd al-ʻAzīz 2008］［ʻĀdil Fahmī 2011］［ʻĀdil ʻAbd al-Baṣīr 2011］。
（9）［Badran 1995: 136］。
（10）［Ghannam 2002: 29］。
（11）［リーチ 1991: 276］。
（12）［Pollard 2005］。

第二章　結婚、イスラムの捉え方

（1）たとえば、エジプトで出された、結婚についての助言をまとめた本では、「神によって正しい女を与えられた者は、その宗教の半分において神が彼を支援したようなもの。あとの半分において神を畏れるべし」というハディースが引かれたあと、「結婚によってあなたの宗教の半分を完成しようとするまえに、もう片方の半分が存在するかどうか確認しなさい」という言い方で熟慮が促されている。［Aḥmad Badr 2019: 19］。
（2）以下、コーランについては［三田了一訳・注解 1982］の日本語訳を引用する。ただし、ルビは基本的に省略する。引用の末尾の括弧内の数字は、章と節の番号を意味する。

（3）［Abū Ḥāmid Muḥammad al-Ghazālī 2005: 459］。

（4）［スティーブンス 1971: 4］。
なお、家族および結婚については、家族社会学を専門とする慶應義塾大学名誉教授の渡辺秀樹氏から多くの助言を受けた。ここに謝意を表したい。

（5）［比較家族史学会 1996: 343］。

（6）現行憲法に明記されているとおり、エジプトではいかなる法律もイスラム法に抵触することは許されないが、何をもって「イスラム法」とみなすのか、という根本的な議論が残される。すなわち公正、公共の福祉といった理念のレベルでイスラム法を語るのか、それとも個別具体的な規範のレベルで捉えるのか等によって判断は大きく変わってくる。これについては、［Najjar 1992］および［Otto 2010: 25-26］が参考になる。

（7）そのため、イスラムには「正統」「異端」にあたる用語あるいは概念が存在しない。また、スンナ派には四つの法学派があるが、そのどれもがいわば「正統」であり、どれかが排除されることはない。

（8）［Smith, Wilfred Cantwell 1957: 20］。

（9）エジプト近代史におけるイスラム法について論じたロンバルディは、異なる法解釈が存在し、そのうちどれに従って行動するかは基本的には自由であると述べたうえで、次のように言う。なお「シャーサ・シャルイーヤ」とは、直訳すると「イスラム法に適った政治／政策」となる。［Lombardi 2006: 18-19］。
いくつかの状況においては、神の法についての複数の解釈のうち政府がよしとするものを、その土地の法として課して問題なしとされた。そうすることで、それぞれの解釈ではなく、政府の解釈に人々を従わせることができたのである。支配者が自らの意志を課すことに問題はないとされる状況について、法学者たちは議論した。その結果、のちの多くのスンナ派の理論家は、「シヤーサ・シャルイーヤ」とみなされる限り、人々が国家の課したルールに従うことは道徳的に必要だという点で一致した。それは（一）イスラム教徒に（宗教的）罪を犯すことを命じることなく、（二）人々の福祉を増進するであることが合理的に予想されるような支配（rule）である。

(10) とはいえ、結婚が教会の公的儀式と認められるようになるのは六世紀、キリスト教の結婚式が定式化されたのは九世紀になってからで、さらに西方教会で聖餐をともなう独立した儀式になったのは一五世紀後半頃だという。[岸本 1990: 229-232]。

(11) このマーリーヤがどのように位置づけられるかは、イスラム教徒とコプト・キリスト教徒が友好的な関係にあるか、それとも緊張関係にあるかによって微妙に変わってくるという。これについては、[Hidayatullah 2010] が参考になる。なお、後述するアーイシャ・アブドゥッラフマーンの『預言者の妻たち』ではマーリーヤは他の妻たちと並んで一章を充てられているが、「信者たちの母」とは呼ばれないとされている。

(12) [柳橋 2001: 106]。

(13) つまり、男性の家から女性の家に渡される日本の結納金とは異なる。また、夫となる男性が用意すべきものであって、妻となる女性が用意する持参金とは逆であることは言うまでもない。

(14) ムハンマドは、「神の使徒」とも「預言者」とも呼ばれる。イスラムでは啓示を受ける預言者とその教えを伝える使徒という二つの役割を分けて考えるが、ムハンマドはその両方の役割を担ったとされる。

(15) [ブハーリー 2001: vol.5, 18-19]。

(16) [Huda Sha'rāwī 2012: 55-56]。

(17) この一節の解釈については、ラフマーンの次のような指摘がある。多様な解釈の可能性について、充分に注意することが必要である。[Rahman 1980: 453]。

ここから二つの逆方向の議論が生まれる。保守派はコーランのこの表現を規範的（normative）なものと捉え、女性は富を所有することも、そして獲得することさえもできるが世帯のために使うことは要求されないとみなす。なぜなら、それはひたすら男性の問題であり、その結果として男性がある種の優越性を持つからである。その一方で、近代的なリベラル派はコーランのこの文言は記述的（descriptive）なものであり、避けがたい社会変化とともに、女性は経済的に独立し世帯に貢献することが可能であるし、そうすべきであり、それによって夫婦は絶対的な平等に至ることが必要であると訴える。

（18）イランとモロッコにおける具体的な事例については、［Mir-Hosseini 2011］が参考になる。
（19）通常、彼は特別であり四人までというイスラム法の定めは彼には適用されないという見方がされる。
（20）ムハンマドの人物像については、［小杉 2002］が参考になる。
（21）［ブハーリー 2001: vol.1, 21-22］。
（22）この問題については、［Ali 2006］の第八章を参考にされたい。
（23）この呼び方の根拠となっているのは、コーランの次の一節である。
「預言者は、信者にとりかれら自身よりも近く、またかれ（聖預言者）の妻たちはかれら（信者たち）の母である。」（三三：六）
（24）アーイシャ・アブドゥッラフマーンについては、［Roded 2006］を参照されたい。
（25）これら四作のアラビア語のタイトルは左記のとおりである。
Umm al-Nabi; Banāt al-Nabi; al-Saiidah Zainab 'Aqīlah bani Hāshim; al-Saiidah Sakīnah bint al-Ḥusain.
サイイダ・ザイナブとは第四代正統カリフのアリーと預言者ムハンマドの娘ファーティマを両親とする女性であり、サイイダ・サキーナはファーティマの息子であるフセインの娘である。この二人はとりわけシーア派にとって重要な人物であるが、ムハンマドの血を引く女性としてスンナ派でも敬愛されている。なお本書では、これらの五作をまとめた［'Āishah 'Abd al-Raḥmān 2002］を使用する。初版は一九六一年と思われるが、確認できない。また、『預言者の妻たち』と『預言者の娘たち』には邦訳があるが、本書では拙訳を用いる。ちなみに、この二つの邦訳では著者名が「アブドッラハマーン」と表記されている。
（26）［'Āishah 'Abd al-Raḥmān 2002: 227］。
（27）［'Āishah 'Abd al-Raḥmān 2002: 230］。
（28）［'Āishah 'Abd al-Raḥmān 2002: 275］。
（29）［'Āishah 'Abd al-Raḥmān 2002: 343］。
（30）［三田了一訳・注解 1982: 93］。

(31) アラビア語には母音が三つしかなく、アラビア語を日本語のかなで記す際、「オ」と「ウ」、あるいは「ホ」と「フ」など、どちらを充てるかについては明確な基準はない。ちなみに「オホド」あるいは「ウフド」とは、イスラム教徒が立てこもった場所の名前で、厳密には山の名前である。

(32) この点については、[Hassan 2006: 246-249] を参照されたい。

(33) アブダビテレビの衛星放送で二〇一六年六月一一日に放送された。そのときの動画は左記のウェブサイトで観ることができる。

http://www.alalam.ir/news/1827421

(34) こうした流れを受け、一九二七年には、多妻制と男性からの一方的な離婚権を制限する法案が内閣で承認された。それが日の目を見なかったのは、当時、内閣と対立関係にあった国王が拒否権を発動したためである。

(35) https://www.dostor.org/1096315

第三章 国家の関与と結婚の変容

(1) [関口・服藤・長島・早川・浅野 2000]。

(2) [宮田 1999: 106]。

(3) [石井 2005:137]。

(4) [湯沢 2005: 31]。

(5) この点については、[牟田 1996] および [早川 2005] を参照されたい。

(6) [Coulson 1964: 152]。

(7) エジプトの近代における司法制度の整備とイスラム法の関係については、[堀井 2004] の第七章が参考になる。

(8) [Brown 1997: 30-31]。

(9) [Brown 1997: 3]。より正確には、非イスラム教徒で同じ宗教・宗派に属す者のあいだで起きた紛争についてはそれぞれの宗教裁判所(ミッラ裁判所)で裁かれるようになった。シャリーア裁判所は、基本的にはイスラム教徒のあいだの紛争を扱うが、イスラム教徒以外でも異なる宗教・宗派に属する者のあいだで起きた紛争はその管轄となった。

（10）［ハッラーフ 1984: 38-39］。

（11）他の宗教に属する者のための宗教裁判所（ミッラ裁判所）も廃止された。

（12）「アラブの春」後、二〇一一年の革命から一三年のムルシー退陣までの期間、つまりエジプトの将来像について激論が交わされていたときにもやはり「身分法」の行く末が注目を集めた。［Sonneveld and Lindbekk 2015］。

（13）［Mir-Hosseini 2011: 10］。

（14）［アサド 2006: 295］。

（15）「マーズーン」という語は、元来アラビア語で「許可された者」を意味する。ファーティマ朝（九〇九～一一七一）の時代に、婚姻契約はあまりにも件数が多いことからイスラム法廷の法官が婚姻契約に関してのみ公証を代理人に委ね、代理人はその役割の遂行が「許可された」ことに由来するという。なお現在、マーズーンは職務規定が法律によって定められており、その意味で公務員に近い専門職という位置づけになる。

（16）［Zulficar 2008: 234-235］。

（17）日本語訳に関しては、部分的に［眞田・松村 2000］を参考にした。

（18）［Kandiyoti 1988: 282-283］。

（19）すでに説明したとおり、日本語では一般に「イスラム法」と区別されずに訳されることが多いが、人間によって導き出された具体的な規範は「シャリーア」ではなく「フィクフ」であり、「ハナフィー派」法学は「フィクフ」の次元で語られるべきものである。それにもかかわらず、この法のよりどころとして「フィクフ」ではなく「シャリーア」の語が使われていることの背後には、こうした夫と妻の関係に一種の聖性を与えようとする意図が透けて見える。

（20）国家／民族の基礎としての家族、そのなかでの女性の位置づけについては、［Baron 2005］［Booth 2001］［Pollard 2005］［八木 2019］などの研究がある。

(21) エジプトの現行憲法の第一〇条は、「家族は社会の基礎であり、その柱は宗教、道徳、愛国心である。国家はそのつながり、安定、強化に尽力する」である。基本的にこれと趣旨を同じくする文言がはじめて登場したのは、一九五六年の憲法、つまり現在の共和国体制が確立したあとの憲法である。
(22) [Salem 2015: 175-176]。
(23) 「フルウ離婚」をめぐる議論については、[Sonneveld 2012] を参照されたい。
(24) 内容はこの二〇〇〇年法律第一号とあまり変わらなかったにもかかわらず、一九七九年のいわゆる「ジーハーン法」案は失敗に終わっている。サダト大統領夫人であったジーハーンは西洋志向の強い女性というイメージが広がっており、彼女が主導した法案は西洋の猿真似と映ったことが影響を及ぼしたと考えられる。
(25) [井筒 1998: 上巻 115] および [中田 2014: 113]。
(26) ワドゥードゥについては [Wadud 1999] および [大川 2009]、バルラスについては [Barlas 2002] が参考になる。
(27) 彼女の著作のうち、スーフィズムについて論じたものが日本語に訳されている。[バフティヤル 1982]。
(28) [Wadud 1999: 75-76]。
(29) [Bakhtiar 2007: 70]。
(30) イスラミック・フェミニズムについては、[Badran 2010] が参考になる。
(31) [Umaimah Abū Bakr 2013: 4]。
(32) https://egyptianstreets.com/2015/06/17/egypt-swears-in-26-new-female-judges/
(33) [独立行政法人国際協力機構 2018: 22]。
(34) [男女共同参画局 2017] から「司法分野における女性の割合の推移」を参照 (http://www.gender.go.jp/about_danjo/whitepaper/h29/zentai/html/zuhyo/zuhyo01-01-10.html に掲載)。
(35) この問題については、[Sonneveld and Lindbekk 2017] [Coontz 2000] [Smith, Fred O. Jr. 2005] が参考になる。さらには「身分法」に関する判断は裁判官の裁量による部分が大きいという指摘もある。[Lindbekk 2014]。

(36) これによって生まれる法的多元性、およびそれが提起する問題については、[Berger 2001] を参照されたい。
(37) http://www.egyptembassy.net/consular-services/civil-affairs/marriage-of-egyptians-abroad/
(38) [Aḥmad Shalabī 1986: 44]。

第四章　婚姻儀礼と社会的承認

(1) [Lane 1973: 158-172]。
(2) レインは「fikee」という語を使っている。これが「イスラム法学者」を意味する「faqīh」という語のエジプト方言をローマ字に転写したものであることは明らかである。
(3) lailat al-dakhlah/al-dukhlah は通常「床入りの夜」と訳されるが、dakhlah あるいは dukhlah は入ることを意味する名詞であり、この語は花婿と花嫁の性的な関係の始まりを意味するとともに、花嫁がはじめて新居に入ることをも意味するという。[Campo 1991]。
(4) 中東における公衆浴場については、[杉田 1999] を参照されたい。
(5) これについては、[Harlow 1985] を参考にされたい。
(6) [Aḥmad Amīn 2012a: 224-225]。「若者組（al-futūwāt）」については、[佐藤・清水・八尾師・三浦 1994] [Jacob 2010] を参照されたい。なお、「ダウィーヤ」と表記した語の読み方は不明である。文字のみを転写すると「al-dwyah」となる。
(7) [Abu-Lughod and Amin 1961]。
(8) 二〇〇五年に、アラビア語の女性誌、ラハーのオンライン版に「若い男女から見た新聞およびインターネットでの結婚広告」という記事が掲載され、体験談や識者によるコメントが紹介されるとともに、こうした手段による結婚についてのアンケート結果が示されている。回答数が八三五と限られているため有効性には疑問が残るが、参考までに紹介しておくと、五九・九%が強く否定、二九・三%が賛成しない、である。賛成は一〇・八%に過ぎず、圧倒的多数が否定的に見ていることがわかる。

http://www.lahaonline.com/articles/view/9313.htm
アハラーム紙にも、二〇一六年七月八日、「広告結婚、それは条件付きで受け入れられる」という同じような内容の記事が掲載され、こうした方法は信頼性の低さが問題とされている。

（9）一つは Masjid wa-dār munāsabāt al-shurṭah であり、もう一つは Masjid al-raḥmān al-raḥīm である。

（10）[Jalāl Amīn 1999: 191-201]。

（11）たとえば、「Zafaf.net」というウェディング関連の会社のウェブサイトを見ると、会場、衣装、ヘアー&メイク、ケーキなどと並んでDJとバンドというページがあり、数多くのDJおよびバンド、舞踊団が挙がっている。そこから日程と料金を考慮しつつ発注できるようになっている。
http://egypt.zafaf.net/en/band-dj-and-entertainment/cairo

（12）[Fawzī 2013: 155]。

（13）[Fawzī 2013: 168]。

（14）[ブハーリー 2001: vol.5, 50-51]。

（15）['Abd al-Ḥakīm Khalīl Saiīd Aḥmad 2014]。

（16）[Encyclopaedia of Islam vol.10 2000: 902]。直訳すると「キルギス人」となる語を「カザフ人」としたのは、現在「カザフ人」と呼ばれる人々がこの事実が書かれた当時、「キルギス人」と呼ばれていたためである。これについては、東京大学名誉教授の小松久男氏から助言を得た。ここに謝意を表したい。

（17）各地域の婚宴の様子については、それぞれ次の文献を参照されたい。サウジアラビア、パキスタン、インドネシア、イラン、トルコについては［Friend 2012］、エジプト農村部については［大塚 1985］および［竹村 2016］、モロッコについては［アイケルマン 1988］、パレスチナについては［錦田 2010］、コートジボワールについては［鈴木 2015］、マレーシアについては［西 2000］、バリ島のムスリム集落については［増野 2014］、中国および新疆ウイグル自治区については［澤井 2018］および［阿布都西庫尓 2006］。

第五章　「イスラム式婚宴」をめぐる議論

（1）［Eickelman and Piscatori 1996: 37］。
（2）http://archive.aawsat.com/details.asp?article=243848&issueno=9355
（3）「ホブズボウム＆レンジャー 1992」。
（4）［ブハーリー 2001: vol.5, 46-47］。アンサールとは、ムハンマドとともにメッカからメディナへ移ってきたイスラム教徒を迎え入れた、メディナのイスラム教徒のことである。
（5）こうした評価の背景については、［新井 2015］および［八木 2017］を参照されたい。
（6）［Cook 2000］。
（7）［Muhammad al-Muwailihi 2013］。この作品は最初に新聞に連載されたあと、一九〇七年に書籍として刊行されている。
（8）［Muhammad al-Muwailihi 2013: 155］。
（9）［前嶋 1966-81］の第四九夜、第一四二夜など。
（10）これについては、［中町 2016］［山本 2018］などを参照されたい。
（11）http://www.dar-alifta.org/ar/ViewFatwa.aspx?ID=11420
（12）カタルはサウジアラビアに隣接し、アラブ世界全体からすると、比較的保守的で伝統的なイスラム法解釈が支配的な国である。ただそれと同時に、産油国であるカタルは、石油後の国のあり方について早くから対策を進め、いわゆる知識集約型産業の育成に力を入れている。「アラブのＣＮＮ」と言われるアルジャジーラ・テレビを開設し、さらにこうしたウェブサイトによってイスラムについての情報発信を積極的に行なっている。
（13）http://fatwa.islamweb.net/ar/fatwa/9614
（14）［Cuno 2015］。
（15）［Sabit and Farag 1993］。

（16）https://www.facebook.com/fotomasr/

（17）これについては、［ボガトゥイリョフ 2005］［サーリンズ 1987］などが参考になる。

（18）[Stillman 2000: 163]。

（19）[Stillman 2000: 166]。

（20）[Aḥmad Amīn 2012b: 148]、邦訳では［アミーン 1990: 167］。ほぼ同じ時期の男性の衣服を扱ったものとして、ムスリム同胞団の創始者であるハサン・アルバンナーの社会的な立ち位置について、その衣服から分析した［大塚 1989］（第三部「あご鬚とヴェール――衣裳からみた原理主義運動」）がある。

（21）[Rugh 1985]。

（22）[Rugh 2009: chapter 10]。エジプトの多様な衣服については、同じ著者による [Rugh 1986] が参考になる。

（23）[Skovgaard-Petersen 1997: 123]。

（24）以前から流布していたこのイメージをさらに強めたのは、一九八九年、フランスで起きたいわゆる「ベール事件」であろう。フランスの国是である世俗性（ライシテ）に抵触するとして、イスラム教徒の女子生徒がベールを着けて公立の学校に通うことが認められなかったことは、フランス国内だけでなく、世界各地で激しい議論を呼んだ。

（25）[Qāsim Amīn 1983]。

（26）[Qāsim Amīn 1911]。

（27）エジプト・フェミニスト連合の綱領は、これに参加するために作られたものと思われる。その内容は、[Hudā Shaʻrāwī 2012: 178] に記されている。

（28）[Hudā Shaʻrāwī 2012: 179]。

（29）［アハメド 2000: 232］。

（30）ライラ・アハメドも記しているが、目以外の全身を覆うことで得られる解放感を無視するわけにはいかない。つまり自分からはすべて見えるが、他人からは自分の表情が一切見えず、ベールを着けている側が心理的に優位に立つのである。一九七〇年代にパパネクは、パキスタンの女性の隔離（パルダ）について論じるなかで、ベールあるいは覆いの意味を次のように読み解いている。［Papanek 1971］。

パルダの二つ目の道具はブルカつまり女性が着る身体全体を覆う外套である。人を寄せつけないような見かけとは異なり、それは女性を解放するためのものと見ることが可能だ。なぜならそれは、女性がパルダを遵守しながら隔離された生活空間から出ることを可能にする、ある種のポータブルな隔離といったものを提供するからだ。

（31）https://www.youtube.com/watch?v=0fswb4a9jcU

（32）「ヒジャーブ」をエジプト方言で発音すると「ḥigāb」となる。ただし、ここでの「ヒジャーブ」あるいは「ヒガーブ」はベールではなく、女性隔離を意味している。

（33）ここで「ベール」と訳したのは、「ṭarḥah」という語である。この語は髪を隠すべく頭から肩にかけて被るベールを指す。西洋風のウェディングベールを指す語としても用いられる。

（34）たとえば、［Zuhur 1992］［Guindi 1999］［Kandiyoti 1991］［Ahmed 1992］などがある。［アハメド 2000］は［Ahmed 1992］の邦訳である。なお、一九九四年、エジプトの教育省が公立高校に通う女子生徒に対して髪をベールで覆うことを制限し、顔を隠すことを禁止する通達を出すに至る。誤解のないよう確認しておくと、教育省のこの動きはフランスのようにベールをイスラムのシンボルであると捉え、公的な場から排除しようとするものではない。この通達の背後にあるのは、反体制的なイスラム主義勢力の拡大であり、女子学生たちのベールはそうした勢力との結びつきを示すものと捉えられたのである。これについては、［Bälz 1999］を参照されたい。

（35）イスラムでは性別によって空間が分けられるという言い方がされるが、それにはもう少し丁寧な説明が必要である。両性の関係についてのイスラム法の基本的な考え方を理解するための出発点となるのは、「マフラム（maḥram）」という概念である。マフラムの関係にある者とは、女性から見ると父親、兄、弟など、血縁関係などを理由に婚姻関係を結ぶことが許されない異性を意味する。男女が入り混じることは許されないというが、それはマフラムではない異性と無制約に接することの禁止である。ベールに関して言えば、女性が髪を覆う、あるいは顔を隠すことが求められるのは、マフラムでない異性がその場にいるときであり、家族だけで過ごしているとき、あるいは女性しかいない場でそのような配慮が求められることはない。

(36)「奪われた夢」および「奴らの仲間じゃない」については、東京外国語大学非常勤講師の勝畑冬実氏から情報を得た。ここに謝意を表したい。

(37) アキーカとは、新生児の誕生を祝う儀式である。

(38) http://www.dar-alifta.org/Ar/ViewFatwa.aspx?LangID=1&ID=12936

(39)「イスラーミー」という語の持つ論争性については、［八木 2018］を参考にされたい。

(40) http://www.raya.com/mob/getpage/f6451603-4dff-4ca1-9c10-122741d17432/85e602ce-8d03-4b4b-9987-d8dfa06a6cb4

(41) https://www.dostor.org/1326936

第六章　「慣習婚」の再検討の可能性

(1) これについては、［堀井 2004: 158-205］および［ハッラーフ 1984: 115-119］を参照されたい。

(2) ［Muḥammad ʻAbd al-Fattāḥ Shahāwī 1962: 41］。

(3) ［Aḥmad Shalabī 1986: 64-65］。

(4) ［Amānī ʻAbd al-Maqṣūd 2008］［Muḥammad Ḥasan Ghānim wa Muḥammad Anwar 2004］［Muʻtazz Saiid ʻAbd Allāh wa Gumʻah Saiid Yūsuf 2004］をはじめ、タイトルに「慣習婚（al-zawāj al-ʻurfī）」が入った本は枚挙にいとまがない。

(5) ［Muʻtazz Saiid ʻAbd Allāh wa Gumʻah Saiid Yūsuf 2004］。

(6) http://www.elwatannews.com/news/details/1134899

(7) http://www.sis.gov.eg/Story/146143?lang=ar

(8) http://arabwidows.org/the-problem/
統計によってはより低い数字が出ることもあるが、実質的には女性が主たる家計支持者であっても、それがあるべき世帯の姿ではないことから、現状を一時的なものと捉え、女性が主たる家計支持者であると回答しない可能性を否定できない。［Hopkins 2003: 42］。

（9）［Bibars 2001］。

（10）http://uis.unesco.org/sites/default/files/documents/fs51-women-in-science-2018-en.pdf

（11）［Feki 2014: 130］。

（12）サウジアラビア社会におけるミスヤール婚の背景については、［辻上 2014］が参考になる。

（13）http://www.arabnews.com/node/268028

（14）［Mir-Hosseini 2011: 120-121］。

（15）［Mir-Hosseini 2011: 162-165］。

（16）［Hasso 2011: 95-96］。

（17）［Yount and Rashad 2008: 156-159］。

（18）［Barsoum, Ramadan and Mostafa 2014: 14］。

（19）［Kholoussy 2010: 200］。

（20）「世界子供白書二〇一七」（https://www.unicef.or.jp/sowc/data.html に掲載）。

（21）［al-Jihāz al-Markazī lil-Ta‘bi’ah al-‘Āmmah wal-Iḥṣā’ 2019］（https://www.capmas.gov.eg/Pages/Publications.aspx?page_id=5104&Year=23413 に掲載）。

（22）女性が職に就くにあたって有形無形の圧力に抗しなければならないことは、失業率の高さからも想像される。ILOのデータに基づいて、二〇一九年に世界銀行が発表した統計では、エジプトでは男性の失業率が七・六％であるのに対し、女性は二三・一％である。
https://data.worldbank.org/indicator/SL.UEM.TOTL.MA.NE.ZS

（23）この回の放送を書き起こしたものが左記に掲載されている。
http://www.aljazeera.net/programs/religionandlife/2004/6/3/%D8%B2%D9%88%D8%A7%D8%AC-%D8%A7%D9%84

%D9%85%D8%B3%D9%8A%D8%A7%D8%B1

（24）この人物に関しては、［八木 2011］を参照されたい。

むすびにかえて

（1）代表的なものとしては、［Sharabi 1988］および［Barakat 1993］がある。

（2）[阪井 2014]。

（3）［アハメド 2000: 93]。

（4）マレーシアでは、当時マレーシア国際イスラーム大学の講師であり、現在、上智大学准教授の久志本裕子氏の多大な協力を得た。ここに謝意を表したい。

Muḥammad Farīd Junaidī. 1933. *Azmat al-Zawāj fī Miṣr: Asbābuhā, Natā'ijuhā, 'Ilājuhā*, Maṭba'at Ḥijāzī.

Muḥammad Ḥasan Ghānim wa-Muḥammad Anwar. 2004. *Al-Zawāj al-'Urfī bain al-Wahm wal-Wāqi'*, al-Maktabah al-Miṣrīyah.

Muḥammad al-Muwailiḥī. 2013. *Ḥadīth 'Īsā ibn Hishām au Fatrah min al-Zaman*, Hindāwī.

Mu'tazz Saiid 'Abd Allāh wa Gum'ah Saiid Yūsuf. 2004. *Al-Zawāj al-'Urfī: Wāqi'uhu wa-Āthāruhu al-Nafsīyah wal-Ijtimā'īyah*, Maṭbū'āt Markaz al-Buḥūth wal-Dirāsāt al-Ijtimā'īyah, Kullīyat al-Ādāb, Jāmi'at al-Qāhirah.

Qāsim Amīn. 1983. *Taḥrīr al-Mar'ah*, al-Markaz al-'Arabī lil-Baḥth wal-Nashr.

————. 1911. *Al-Mar'ah al-Jadīdah*, Maṭba'at al-Sha'b.

Samāḥ Khālid Zahrān. 2016. *Al-Usrah al-Miṣrīyah: Qirā'āt fī Sīkūlūjīya al-Takwīn wal-Istimrār*, al-Hai'ah al-Miṣrīyah al-'Āmmah lil-Kitāb.

Umaimah Abū Bakr ed. 2013. *Al-Nisawīyah wal-Manẓūr al-Islāmī: Āfāq Jadīdah lil-Ma'rifah wal-Iṣlāḥ*, al-Mar'ah wal-Dhākirah.

ʻĀdil Fahmī. 2011. *Ḥiyal Siḥrīyah fī Firāsh al-Zaujīyah*, Dār al-Ghad al-Jadīd.

Aḥmad ʻAbd al-ʻAzīz. 2008. *Lailat al-Zafāf: Bidāyat Ḥayāt Jadīdah*, Dār al-Fārūq.

Aḥmad Amīn. 2012a. *Qāmūs al-ʻĀdāt wal-Taqālīd wal-Taʻābīr al-Miṣrīyah*, Hindāwī.

————— . 2012b. *Ḥayātī*, Hindāwī.

Aḥmad Badr. 2019. *Yaumīyāt Maʼdhūn*, al-Miṣrī lil-Nashr wal-Tauzīʻ.

Aḥmad Maḥmūd Khalīl. 2006. *ʻAqd al-Zawāj al-ʻUrfī: Arkānuhu wa-Shurūṭuhu wa-Aḥkāmuhu*, Munshʼāt al-Maʻārif.

Aḥmad Shalabī. 1986. *Mausūʻat al-Ḥaḍārah al-Islāmīyah 7, al-Ḥayāt al-Ijtimāʻīyah fī al-Fikr al-Islāmī: Mabāhith Ijtimāʻīyah fī Niṭāq al-Usrah wa-fī Niṭāq al-Mujtamaʻ*, Maktabat al-Nahḍah al-Miṣrīyah.

ʻĀishah ʻAbd al-Raḥmān. 2002. *Tarājim Saiidāt Bait al-Nubūwah Raḍiya Allah ʻanhunna*, Dār al-Ḥadīth.

Akram Riḍā. 2005. *ʻAlā aʻtāb al-Zawāj*, Alfā lil-Nashr wal-Tauzīʻ.

Amānī ʻAbd al-Maqṣūd. 2008. *Al-Zawāj al-ʻUrfī bain al-Murāhiqīn wal-Shabāb*, Dār al-Maʻārif.

Ghādah ʻAbd al-ʻĀl. 2008. *ʻĀizah Atagawwaz*, Dār al-Shurūq.

Hudā Shaʻrāwī. 2012. *Mudhakkirāt Hudā Shaʻrāwī*, Hindāwī.

Ḥusnī Maḥmūd ʻAbd al-Dāim ʻAbd al-Ṣamad. 2011. *Al-Zawāj al-ʻUrfī bain al-Ḥaẓr wal-Ibāḥah: Dirāsah Taʼṣīlīyah wa-Muqāranah*, Dār al-Fikr al-Jāmiʻī.

ʻImād al-Ḥakīm. 2006. *Hadīyat al-ʻArūsaini*, Dār al-Ghad al-Jadīd.

Ijlāl Ismāʻīl Ḥilmī. 2016. *ʻIlm Ijtimāʻ al-Zawāj wal-Usrah: Ruʼyah Naqdīyah lil-Wāqiʻ wal-Mustaqbal*, Maktabat al-Anglu al-Miṣrīyah.

Jalāl Amīn. 1999. *Mādhā Ḥadatha lil-Miṣrīyīna?*, al-Haiʼah al-Miṣrīyah al-ʻĀmmah lil-Kitāb.

al-Jihāz al-Markazī lil-Taʻbiʼah al-ʻĀmmah wal-Iḥṣāʼ. 2019. *al-Nashrah al-Sanawīyah lil-Khirrījī al-Taʻlīm al-ʻĀlī wal-Darajāt al-ʻIlmīyah al-ʻUlyā*.

Kamāl Ṣāliḥ al-Bannā. n.d. *Al-Zawāj al-ʻUrfī wa-Munāzaʻāt al-Bunūwah fī al-Sharīʻah wal-Qānūn wal-Qaḍāʼ*, Dār al-Kutub al-Qānūnīyah.

Maḥmūd ibn al-Jamīl. 2002. *Tuḥfat al-ʻArūs: al-Zawāj al-Saʻīd fī al-islām min al-Kitāb wal-Sunnah*, Maktabat al-Ṣafā.

Muḥammad ʻAbd al-Fattāḥ Shahāwī. 1962. *Al-Usrah wal-Mujtamaʻ al-ʻArabī bain al-Sharīʻah al-Islāmīyah wal-Qānūn*, Al-Maktabah al-Thaqāfīyah.

Muḥammad ʻAlī al-Fār. 2008. *Asrār al-Saʻādah al-Zaujīyah*, Dār al-Fārūq.

Egypt's Pre- and Post-Revolutionary Period (2011-2013) Compared," *New Middle Eastern Studies*, vol.5.

——— eds. 2017. *Women Judges in the Muslim World: A Comparative Study of Discourse and Practice*, Brill.

Stillman, Yedida Kalfon. 2000. edited by Norman A. Stillman, *Arab Dress from the Dawn of Islam to Modern Times: A Short History*, Brill.

The Encyclopaedia of Islam, New Edition. 1954-2004. vol.1-vol.12, Brill.

Tuchker, Judith E. *Women, Family, and Gender in Islamic Law*, Cambridge University Press.

United Nations. 2017. *Household Size and Composition around the World 2017*.

Wadud, Amina. 1999. *Qur'an and Woman: Rereading the Sacred Text from a Woman's Perspective*, Oxford University Press.

Welchman, Lynn. 2007. *Women and Muslim Family Laws in Arab States: A Comparative Overview of Textual Development and Advocacy*, Amsterdam University Press.

——— ed. 2004. *Women's Rights and Islamic Family Law: Perspectives on Reform*, Zed Books.

Yassari, Nadjma. ed. 2016. *Changing God's Law: The Dynamics of Middle Eastern Family Law*, Routledge.

Yount, Kathryn M. and Rashad, Hoda eds. 2008. *Family in the Middle East: Ideational Change in Egypt, Iran, and Tunisia*, Routledge.

Zuhur, Sherifa. 1992. *Revealing Reveiling: Islamist Gender Ideology in Contemporary Egypt*, State University of New York Press.

Zulficar, Mona. 2008. "The Islamic Marriage Contract in Egypt," Asifa Quraishi and Frank E. Vogel eds. *The Islamic Marriage Contract: Case Studies in Islamic Family Law*, Harvard University Press.

【アラビア語】（著者名は姓を最初に表記するのではなく、通常の表記のままとした）

'Abd al-Ḥakīm Khalīl Saiid Aḥmad. 2014. *'Ādāt wa-Taqālīd al-Zawāj: Dirāsah fi al-Thaqāfah al-Sha'bīyah*, Miṣr al-'Arabīyah lil-Nashr wal-Tauzī'.

Abū Ḥāmid Muḥammad al-Ghazālī. 2005. *Iḥyā' 'Ulūm al-Dīn*, Dār Ibn Ḥazm.

'Ādil 'Abd al-Baṣīr. 2011. *Idfa'ī Zaujaki lil-Najāḥ*, Dār al-Ghad al-Jadīd.

Roff, William R. ed. 1987. *Islam and the Political Economy of Meaning: Comparative Studies of Muslim Discourse*, Routledge.

Rugh, Andrea B. 2009. *Simple Gestures: A Cultural Journey into the Middle East*, Potomac Books.

————. 1986. *Reveal and Conceal: Dress in Contemporary Egypt*, Syracuse University Press.

————. 1985. *Family in Contemporary Egypt*, The American University in Cairo Press.

Russel, Mona L. 2004. *Creating the New Egyptian Woman: Consumerism, Education, and National Identity, 1863-1922*, Palgrave Macmillan.

Sabit, Adel and Farag, Maged. 1993. *1939, the Imperial Wedding: Royal Albums of Egypt*, Max Group.

Salem, Rania. 2015. "Changes in the Institution of Marriage in Egypt from 1998 to 2012," Ragui Assaad and Caroline Krafft eds. *The Egyptian Labor Market in an Era of Revolution*, Oxford University Press.

Sharabi, Hisham. 1988. *Neopatriarchy: A Theory of Distorted Change in Arab Society*, Oxford University Press.

Singerman, Diane. 2007. *The Economic Imperatives of Marriage: Emerging Practices and Identities among Youth in the Middle East*, The Middle East Youth Initiative Working Paper No.6, Wolfensohn Center for Development, Dubai School of Government.

————. 1995. *Avenues of Participation: Family, Politics, and Networks in Urban Quarters of Cairo*, Princeton University Press.

Skovgaard-Petersen, Jakob. 1997. *Defining Islam for the Egyptian State: Muftis and Fatwas of the Dār al-Iftā*, Brill.

Smith, Fred O. Jr. 2005. "Gendered Justice: Do Male and Female Judges Rule Differently on Questions of Gay Rights?" *Stanford Law Review*, Vol.57.

Smith, Wilfred Cantwell. 1957. *Islam in Modern History*, Princeton University Press.

Sonbol, Amira El-Azhary. ed. 2005. *Beyond the Exotic: Women's Histories in Islamic Societies*, Syracuse University Press.

Sonneveld, Naida. 2012. *Khul' Divorce in Egypt: Public Debates, Judicial Practice, and Everyday Life*, The American University in Cairo Press.

Sonneveld, Nadia and Lindbekk, Monika. 2015. "A Revolution in Muslim Family Law?

Lane, Edward William. 1973. *An Account of the Manners and Customs of the Modern Egyptians*, Dover Publications Inc.

Lindbekk, Monika. 2014. "The Enforcement of Personal Status Law by Egyptian Courts," Elisa Giunchi ed. *Adjudicating Family Law in Muslim Courts*, Routledge.

Lombardi, Clark B. 2006. *State Law as Islamic Law in Modern Egypt: The Incorporation of the Sharī'a into Egyptian Constitutional Law*, Brill.

Lovat, Terence. ed. 2012. *Women in Islam: Reflections on Historical and Contemporary Research*, Springer.

Mir-Hosseini, Ziba. 2011. *Marriage on Trial: Islamic Family Law in Iran and Morocco*, I.B.Tauris.

Najjar, Fauzi M. 1992. "The Application of Sharia Laws in Egypt," *Middle East Policy*, Vol.1, No.3.

————. 1988. "Egypt's Laws of Personal Status," *Arab Studies Quarterly*, Vol.10, No.3.

Nazier, Hanan and Ramadan, Racha. 2016. *Women's Participation in Labor Market in Egypt: Constraints and Opportunities*, Working Paper No.999, Economic Research Forum.

Niechcial, Paulina. 2009. "Shi'i Institution of Temporary Marriage in Tehran: State Ideology and Practice," *Anthropos*, Bd.104, H.1.

Otto, Jan Michiel. ed. 2010. *Sharia Incorporated: A Comparative Overview of the Legal Systems of Twelve Muslim Countries in Past and Present*, Leiden University Press.

Papanek, Hanna. 1971. "Purdah in Pakistan: Seclusion and Modern Occupations for Women," *Journal of Marriage and Family*, Vol.33, No.3.

Pollard, Lisa. 2005. *Nurturing the Nation: The Family Politics of Modernizing, Colonizing, and Liberating Egypt, 1805-1923*, University of California Press.

Rahman, Fazlur. 1980. "A Survey of Modernization of Muslim Family Law," *International Journal of Middle East Studies*, Vol.11, No.4.

Rizzo, Helen. ed. 2014. *Masculinities in Egypt and the Arab World: Historical, Literary, and Social Science Perspectives*, The American University in Cairo Press.

Roded, Ruth. 2006. "Bint Al-Shatiī's 'Wives of the Prophet': Feminist or Feminine?" *British Journal of Middle Eastern Studies*, Vol.33, No.1.

Feki, Shereen El. 2014. *Sex and the Citadel: Intimate Life in a Changing Arab World*, Vintage.

Friend, Theodore. 2012. *Woman, Man, and God in Modern Islam*, William B. Eerdmans Publishing Company.

Ghannam, Farha. 2013. *Live and Die like a Man: Gender Dynamics in Urban Egypt*, Stanford University Press.

————. 2002. *Remaking the Modern: Space, Relocation, and the Politics of Identity in a Global Cairo*, University of California Press.

Giunchi, Elisa. ed. 2014. *Adjudicating Family Law in Muslim Courts*, Routledge.

Guindi, Fadwa El. 1999. *Veil: Modesty, Privacy and Resistance*, Berg.

Harlow, Barbara. 1985. "Cairo Curiosities: E. W. Lane's Account and Ahmad Amin's Dictionary," *Journal of the History of Ideas*, Vol. 46, No. 2.

Hassan, Riffat. 2006. "Marriage: Islamic Discourses, Overview," General Editor, Suad Joseph, *Encyclopedia of Women and Islamic Cultures*, Volume III, *Family, Body, Sexuality and Health*, Brill.

Hasso, Frances Susan. 2011. *Consuming Desires: Family Crisis and the State in the Middle East*, Stanford University Press.

Hidayatullah, Aysha A. 2014. *Feminist Edges of the Qur'an*, Oxford University Press.

————. 2010. "Māriyya the Copt: Gender, Sex and Heritage in the Legacy of Muhammad's Umm Walad," *Islam and Christian-Muslim Relations*, Vol.21, No.3.

Hoodfar, Homa. 1999. *Between Marriage and the Market: Intimate Politics and Survival in Cairo*, The American University in Cairo Press.

Hopkins, Nicholas S. ed. 2003. *The New Arab Family*, Cairo Papers in Social Science, Vol.24, No.1/2, The American University in Cairo Press.

Jacob, Wilson. 2010. "Revolutionary Mankind: Egypt and the Time of *al-Futuwwa*," Helen Rizzo ed. *Masculinities in Egypt and the Arab World: Historical, Literary, and Social Science Perspectives*, The American University in Cairo Press.

Kandiyoti, Deniz. ed. 1991. *Women, Islam and the State*, Temple University Press.

————. 1988. "Bargaining with Patriarchy," *Gender and Society*, Vol.2, No.3.

Kholoussy, Hanan. 2010. *For Better, For Worse: The Marriage Crisis that Made Modern Egypt*, The American University in Cairo Press.

Berger, Maurits. 2001. "Public Policy and Islamic Law: The Modern Dhimmi in Contemporary Egyptian Family Law," *Islamic Law and Society*, Vol.8, No.1.

Bibars, Iman. 2001. *Victims and Heroines: Women, Welfare and the Egyptian State*, Zed Books.

Black, Ann, Esmaeili, Hossein and Hosen, Nadirsyah. 2013. *Modern Perspectives on Islamic Law*, Edward Elgar Publishing.

Booth, Marilyn. 2001. *May Her Likes Be Multiplied: Biography and Gender Politics in Egypt*, University of California Press.

Brown, Nathan J. 1997. *The Rule of Law in the Arab World: Courts in Egypt and the Gulf*, Cambridge University Press.

Campo, Juan Eduardo. 1991. *The Other Sides of Paradise: Explorations into the Religious Meanings of Domestic Space in Islam*, University of South Carolina Press.

Cook, Michael. 2000. *Commanding Right and Forbidding Wrong in Islamic Thought*, Cambridge University Press.

Coontz, Phyllis. 2000. "Gender and Judicial Decisions: Do Female Judges Decide Cases Differently than Male Judges?" *Gender Issues*, Vol.18, Issue 4.

Coulson, N. J. 1964. *A History of Islamic Law*, Edinburgh University Press.

Cuno, Kenneth M. 2015. *Modernizing Marriage: Family, Ideology, and Law in Nineteenth- and Early Twentieth-Century Egypt*, Syracuse University Press.

Cuno, Kenneth M. and Desai, Manisha. eds. 2009. *Family, Gender, and Law in a Globalizing Middle East and South Asia*, Syracuse University Press.

Dhillon, Navtej and Yousef, Tarik. eds. 2009. *Generation in Waiting: The Unfulfilled Promise of Young People in the Middle East*, Brookings Institution Press.

Doumani, Beshara. ed. 2003. *Family History in the Middle East: Household, Property, and Gender*, State University of New York Press.

Eickelman, Dale F. 1987. "Changing Interpretations of Islamic Movements," William R. Roff ed. *Islam and the Political Economy of Meaning: Comparative Studies of Muslim Discourse*, Routledge.

Eickelman, Dale F. and Piscatori, James. 1996. *Muslim Politics*, Princeton University Press.

Fawzi, Omneya. 2013. *An Egyptian Marriage*, Strategic Book Publishing and Rights Co.

Ahmed, Leila. 1992. *Women and Gender in Islam: Historical Roots of a Modern Debate*, Yale University Press.

Ali, Kecia. 2006. *Sexual Ethics and Islam: Feminist Reflections on Qur'an, Hadith, and Jurisprudence*, Oneworld.

Amin, Sajeda and Al-Bassusi, Nagah H. 2004. "Education, Wage Work, and Marriage: Perspectives of Egyptian Working Women," *Journal of Marriage and Family*, Vol.66, No.5.

Asad, Talal. 1986. *The Idea of an Anthropology of Islam*, Occasional Papers Series, Georgetown University, Center for Contemporary Arab Studies.

Assaad, Ragui. 2015. *Women's Participation in Paid Employment in Egypt is a Matter of Policy not Simply Ideology*, Egypt Network for Integrated Development, Policy Brief 022.

Assaad, Ragui, Krafft, Caroline and Rolando, Dominique J. 2017. *The Role of Housing Markets in the Timing of Marriage in Egypt, Jordan, and Tunisia*, Economic Research Forum, Working Paper Series, No.1081.

Badran, Margot. 2010. "Re/placing Islamic Feminism," *Critique internationale*, 46.

———. 2009. *Feminism in Islam: Secular and Religious Convergences*, Oneworld.

———. 1995. *Feminists, Islam, and Nation: Gender and the Making of Modern Egypt*, Princeton University Press.

Bakhtiar, Laleh. trans. 2007. *The Sublime Quran, English Translation*, Library of Islam.

Bälz, Kilian. 1999. "The Secular Reconstruction of Islamic Law: The Egyptian Supreme Constitutional Court and the 'Battle over the Veil' in State-Run Schools," B. Dupret, M. Berger and L. al-Zwaini, eds. *Legal Pluralism in the Arab World*, Kluwer Law International.

Barakat, Halim. 1993. *The Arab World: Society, Culture, and State*, University of California Press.

Barlas, Asma. 2002. *"Believing Women" in Islam: Unreading Patriarchal Interpretations of the Qur'an*, University of Texas Press.

Baron, Beth. 2005. *Egypt as a Woman: Nationalism, Gender, and Politics*, University of California Press.

Barsoum, Ghada, Ramadan, Mohamed and Mostafa, Mona. 2014. *Labour Market Transitions of Young Women and Men in Egypt*, Work 4 Youth Publication Series No.16, ILO.

――――――. 2001b.「エジプト・アラブ共和国におけるムスリム身分関係法の新たな展開―― 2000 年法律第 1 号（2）」,『比較法雑誌』35（3）, 日本比較法研究所.
三田了一訳・注解. 1982.『日亜対訳 注解 聖クルアーン』宗教法人日本ムスリム協会.
宮田登. 1999.『冠婚葬祭』岩波新書.
牟田和恵. 1996.『戦略としての家族――近代日本の国民国家形成と女性』新曜社.
八木久美子. 2019.「家族概念の変遷から見る近代国民国家のなかのイスラム―― 20 世紀のエジプトを例に」,『東京外国語大学論集』99.
――――――. 2018.「日常生活のイスラーム化――イスラームの政治化に続くもの」, 藤原聖子編『世俗化後のグローバル宗教事情――今宗教に向きあう 第四巻』岩波書店.
――――――. 2017.「音楽の魅力あるいは誘惑――婚礼をめぐるアラブ・ムスリムの語りを中心に」『総合文化研究』21, 東京外国語大学・総合文化研究所.
――――――. 2015.『慈悲深き神の食卓――イスラムを「食」からみる』東京外国語大学出版会.
――――――. 2011.『グローバル化とイスラム――エジプトの「俗人」説教師たち』世界思想社.
柳橋博之. 2001.『イスラーム家族法――婚姻・親子・親族』創文社.
山本薫. 2018.「ラップと中東の社会・政治変動」,『総合文化研究』21, 東京外国語大学・総合文化研究所.
湯沢雍彦. 2005.『明治の結婚 明治の離婚――家庭内ジェンダーの原点』角川選書.
リーチ, E. 1991. 長島信弘訳『社会人類学案内』岩波書店.

【英語】

Abdel Aal, Ghada. 2010. translated by Nora Eltahawy, *I Want to Get Married!*, The Center for Middle Eastern Studies, The University of Texas at Austin.
Abu-Lughod, Janet and Amin, Lucy. 1961. "Egyptian Marriage Advertisements: Microcosm of a Changing Society," *Marriage and Family Living*, Vol.23, No.2.

ズ1』明石書店.
中田考監修. 2014. 中田香織・下村佳州紀訳,「正統十読誦注解」訳著松山洋平,『日亜対訳クルアーン――［付］訳解と正統十読誦注解』作品社.
中町信孝. 2016.『「アラブの春」と音楽――若者たちの愛国とプロテスト』DU BOOKS.
西重人. 2000.「サラワク・マレーの結婚式」,『地理』45（4）, 古今書院.
錦田愛子. 2010.「変容するパレスチナの婚姻事情」,『FIELDPLUS』3, 東京外国語大学・アジア・アフリカ言語文化研究所.
ハッラーフ, アブドル゠ワッハーブ. 1984. 中村廣治郎訳『イスラムの法――法源と理論』東京大学出版会.
バフティヤル, ラレ. 1982. 竹下政孝訳『スーフィー――イスラムの神秘階梯』平凡社.
早川紀代. 2005.『近代天皇制と国民国家――両性関係を軸として』青木書店.
比較家族史学会編, 1996.『事典 家族』弘文堂.
ブハーリー. 2001. 牧野信也訳『ハディース――イスラーム伝承集成』（全6巻）中公文庫.
ブラン, フランソワ゠ポール. 2015. 小林公・宮澤愛子・松﨑和子訳『イスラーム家族法入門』木鐸社.
ボガトゥイリョフ, ピョートル. 2005. 桑野隆・朝妻恵里子編訳『衣裳のフォークロア』せりか書房.
ホブズボウム, E. &レンジャー, T. 編. 1992. 前川啓治・梶原景昭ほか訳『創られた伝統』紀伊國屋書店.
堀井聡江. 2009.「法の近代化とイスラーム法」,『国際学レヴュー』20, 桜美林大学.
――――. 2004.『イスラーム法通史』山川出版社.
前嶋信次訳. 1966-1981.『アラビアン・ナイト』1-12巻, 平凡社.
増野亜子. 2014.「バリ島東部ササック系ムスリム集落におけるルバナ」,『桐朋学園大学研究紀要』40.
松村明. 2001a.「エジプト・アラブ共和国におけるムスリム身分関係法の新たな展開―― 2000年法律第1号（1）」,『比較法雑誌』35（2）, 日本比較法研究所.

小杉泰．2002．『ムハンマド――イスラームの源流をたずねて』山川出版社．

阪井裕一郎．2014．「『独身者』批判の論理と心理――明治から戦時期の出版物をとおして」，椎名若菜編『境界を生きるシングルたち シングルの人類学１』人文書院．

佐藤次高・清水宏祐・八尾師誠・三浦徹．1994．『イスラム社会のヤクザ――歴史を生きる任侠と無頼』第三書館．

眞田芳憲・松村明．2000．『イスラーム身分関係法』中央大学出版部．

サーリンズ，マーシャル．1987．山内昶訳『人類学と文化記号論――文化と実践理性』法政大学出版局．

澤井充生．2018．『現代中国における「イスラーム復興」の民族誌――変貌するジャマーアの伝統秩序と民族自治』明石書店．

ショーター，エドワード．1987．田中俊宏・岩橋誠一・見崎恵子・作道潤訳『近代家族の形成』昭和堂．

杉田英明．1999．『浴場から見たイスラーム文化』山川出版社．

鈴木裕之．2015．『恋する文化人類学者――結婚を通して異文化を理解する』世界思想社．

スティーブンス，W・N．1971．山根常男・野々山久也訳『家族と結婚――その比較文化的解明』誠信書房．

関口裕子・服藤早苗・長島淳子・早川紀代・浅野富美枝．2000．『家族と結婚の歴史』森話社．

竹村和朗．2016．「現代エジプトのファラハ――ブハイラ県バドル郡における結婚の祝宴の報告」，『アジア・アフリカ言語文化研究』91．

男女共同参画局．2017．『男女共同参画白書 平成29年版』．

辻上奈美江．2014．「サウディアラビアにおける社会の紐帯と個の遊離――結婚、ミスヤール、そしてシングル」，椎野若菜編『境界を生きるシングルたち シングルの人類学１』人文書院．

独立行政法人国際協力機構．2018．『エジプト・アラブ共和国 国別ジェンダー情報収集・確認調査 調査報告書』．

トッド，エマニュエル＆クルバージュ，ユセフ．2008．石崎晴己訳『文明の接近――「イスラーム vs 西洋」の虚構』藤原書店．

ドンズロ，ジャック．1991．宇波彰訳『家族に介入する社会』新曜社．

長沢栄治．2019．『近代エジプト――家族の社会史』東京大学出版会．

――――監修．2019．『結婚と離婚 イスラーム・ジェンダー・スタディー

参考文献

【日本語】

アイケルマン，D・F．1988．大塚和夫訳『中東――人類学的考察』岩波書店．

アサド，タラル．2006．中村圭志訳『世俗の形成――キリスト教、イスラム、近代』みすず書房．

アハメド，ライラ．2000．林正雄ほか訳『イスラームにおける女性とジェンダー――近代論争の歴史的根源』法政大学出版局．

阿布都西庫尔 阿布都熱合曼．2006．「新疆ウイグル自治区のウイグル族における結婚式の変容――アトシュに住む家族三世代の事例から」，『人間社会環境研究』12．

アブドッラハマーン，アーイシャ．1988．徳増輝子訳『預言者の娘たち』日本サウディアラビア協会，日本クウェイト協会．

――――．1977．徳増輝子訳『預言者の妻たち』日本サウディアラビア協会，日本クウェイト協会．

アミーン，アフマド．1990．水谷周訳『アフマド・アミーン自伝――エジプト・大知識人の生涯』第三書館．

新井裕子．2015．『イスラムと音楽――イスラムは音楽を忌避しているのか』スタイルノート．

石井研士．2005．『結婚式――幸せを創る儀式』日本放送出版協会．

井筒俊彦訳．1998．『コーラン』（上・中・下）岩波文庫．

大川玲子．2009．「アミーナ・ワドゥードのクルアーン（コーラン）解釈方法論――ファズルル・ラフマーン理論の継承と発展」，『国際学研究』35．明治学院大学．

大塚和夫．1989．『異文化としてのイスラーム――社会人類学的視点から』同文舘出版．

――――．1985．「下エジプトのムスリムにおける結婚の成立過程――カリュービーヤ県ベンハー市とその周辺農村の事例を中心に」，『国立民族学博物館研究報告』10（2）．

ガーバー，ハイム．1996．黒田壽郎訳『イスラームの国家・社会・法――法の歴史人類学』藤原書店．

岸本羊一．1990．「婚約式と結婚式」，日本基督教団信仰職制委員会編『新しい式文――試案と解説』日本基督教団出版局．

八木久美子（やぎ　くみこ）
一九五八年大阪府生まれ。東京外国語大学大学院教授。専門は宗教学・イスラム研究。著書に『慈悲深き神の食卓――イスラムを「食」からみる』（東京外国語大学出版会、二〇一五）、『グローバル化とイスラム――エジプトの「俗人」説教師たち』（世界思想社、二〇一一）、『アラブ・イスラム世界における他者像の変遷』（現代図書、二〇〇七）、『マフフーズ・文学・イスラム――エジプト知性の閃き』（第三書館、二〇〇六）、共著に『世俗化後のグローバル宗教事情』（岩波書店、二〇一八）、『ジェンダーで学ぶ宗教学』（世界思想社、二〇〇七）、共訳書に『エドワード・サイード　対話は続く』（みすず書房、二〇〇九）などがある。

Pieria Books
神の嘉《よみ》する結婚　イスラムの規範と現代社会

二〇二〇年七月三〇日　初版第一刷発行

著　者　八木久美子
発行者　林　佳世子
発行所　東京外国語大学出版会
東京都府中市朝日町三―一一―一　郵便番号一八三―八五三四
電話番号〇四二―三三〇―五五五九
ＦＡＸ番号〇四二―三三〇―五一九九
E-mail　tufspub@tufs.ac.jp
装訂者　間村俊一
本文組版　株式会社キャップス
印刷・製本　シナノ印刷株式会社

ISBN978-4-904575-82-6

Pieria Books
〔ピエリア・ブックス〕

Pieria（ピエリア）とは、ギリシア神話の舞台オリュンポス山北麓の地名で、人間の芸術・知的活動を司る女神ムーサ（ミューズ）たちの生誕の地とされています。混迷の度を深める世界にあって、たしかな知識と柔軟な思考、そして豊かな精神を育んでゆきたいという思いを込めて名づけました。Pieria Books は、東京外国語大学出版会の叢書として、国際性・学際性に富んだ多彩なテーマを広く社会に提供し、来るべき時代を照らす松明となることをめざしてまいります。